성령과 동행하라

기독교 영성의 이론과 실제

스티븐 하퍼 지음
홍성철 옮김

도서출판 세 복

Embrace the Spirit

by
Steven Harper

Originally Published in the U.S.A
Copyright © 1987 by Steven Harper
Victor Books, Wheaton, Illinois

나에게 진정한 영적 삶을 사는

방법에 대하여 많은 가르침을 준,

그리고 나의 가르침을 은혜로 받아 준

나의 제자들과 동료 교수들에게

이 저서를 바친다.

차   례

머 리 말

영성(Spiritual Formation)을 다룬 이 저서는 경건의 삶을 살라는 하나님의 부르심을 듣고, 매일의 여러 가지 도전 가운데 그분을 보다 잘 섬기기 원하는 기독인들을 위한 것이다. 이 저서는 오랜 기간의 교회사를 통하여 나타난 부요(富饒)한 기독교 영성(靈成)을 근거로, 그러나 동시에 사회에서 피하기 보다는 몰입(沒入)하는 이십세기의 신자에게 적용될 수 있도록 편찬(編纂)되었다.

영성은 가장 훌륭한 전통적 제자도의 개념에다 하나님과의 사귐을 위한 개인의 순례(巡禮)라는 보다 경험적 훈련을 결합시킨다. 영성은 삶의 형식이지, 프로그램이 아니며, 관계이지 조직이 아니며, 여행이지 지도(地圖)가 아니다. 영성은 우리의 영적 발전을 위하여 하나님과의 거룩한 동반자로 우리를 초청한다.

나는 독자가 이 저서를 읽으면서 단순한 정보 이상의 훨씬 많은 것들을 받아들이게 되기를 바라 마지 않는다. 나의 기도는 독자가 머리와 가슴에서 새로운 차원의 영성을 경험할 뿐 아니라, 독자 자신이 그리스도에게로 보다 가까이 이끌리는 것이다.

스티븐 하퍼
애스베리신학교(Asbury Theological Seminary)
영성학 부교수

서   문

　우리는 서로 만난 적이 없지만, 독자가 기독인의 신앙을 강화시키고 영적 삶을 증대시키는데 관심이 있다고 나는 추측한다. 나에게 독자를 위한 위대한 소식이 있는데, 그것은 하나님이 독자에게 가까이 다가가기를 원하실 뿐 아니라, 실제로 독자를 그분에게로 가까이 끌어당기기를 원하신다는 사실이다. 독자의 신앙 성장은 독자와 하나님 사이의 간격을 좁히는 평생의 과정이다. 이 과정에서, 독자가 얻을 것은 많으나, 잃을 것은 아무 것도 없다.

　나는 이 저서를 명확하고도 소박하게 저술하려고 노력했다. 나는 이 책을 독자에게 개인적으로 말하는 것으로 생각하고 싶다. 마치 우리가 함께 앉아서 기독교 신앙에 대하여 함께 이야기하는 것처럼 말이다. 매 장 끝에서 독자는 묵상(默想)의 내용을 볼 터인데, 그것을 통하여 독자는 하나님이 독자에게 하신 말씀에 반응할 수 있는 기회를 갖게 될 것이다. 각주에서 나는 독자가 영적 순례를 계속할 수 있는 방법에 대하여 여러 가지의 제안을 했다.

그러나 무엇보다도, 독자가 이 저서보다 더 깊이 들어가서 말씀을 듣고 또 하나님이 독자와 교통하고 계시다는 것을 알게 되기를 위하여 나는 기도한다. 내가 저술한 내용들 때문에 나는 변화되었으며, 독자도 그 내용들을 경험하면 역시 변화되리라고 나는 추호도 의심하지 않는다. 그것이야말로 하나님이 자신을 알리는 방법이다--그분은 우리를 있는 그대로 받으신다. 그러나 일단 받으시면 우리를 그대로 내버려 두지 않으신다!

스티븐 하퍼
애스베리신학교
윌모, 켄터기(Wilmore, Kentucky)
1987

1

참된 영성

　내가 인도한 세미나가 끝난 후, 켄(Ken)은 나를 공항으로 데려다 주겠다고 제안했다. 나는 켄의 집에서 식사 대접을 받은 바 있었는데, 그는 행복하게 결혼했고, 교회 활동에 열심이고, 그의 직장에서 상당히 성취감을 느끼고 있었다. 뿐만 아니라 그는 영적 삶에 관한 세미나에 특히 관심이 있었다. 우리가 공항으로 떠나자 그는 바로 나에게 속 마음을 깊이 털어놓기 시작했다, "내가 기독인이 되었을 때," 그는 말을 이었다, "나의 삶은 철저하게 변했습니다. 나는 빠지지 않고 그리고 의미를 가지고 교회에 다녔습니다. 그러나 시간이 흐를수록 나의 열심은 식어졌고, 마침내 오늘에 이르러서는 나는 거의 틀에 박히고 습관적인 기독인이 되어 버렸습니다. 나는 믿음의 기쁨을 잃어버렸고, 때로는 내가 도대체 정말 기독인인가 하고 의심하기도 합니다."

　몇 년 전에 그런 이야기를 들었다면 나는 충격을 받았을 것이다. 그러나 실제로 세상에는 켄과 같이 영적으로 지쳐 있는 사람들이 많다. 그들에게 있었던 의미 깊은 회심과 성령 충만의 경험 때문에, 그들이 왜 그렇게 되었는지 거의 믿기워지지 않는다. 그들은 두려워하며, 우울해지고, 때로는 얼마나 오래 이런 식으로 생활해야 되는지 답답해 한다.

켄의 이야기는 내게 익숙한데, 왜냐하면 나는 그런 이야기를 자주 들었을 뿐 아니라, 나의 신앙 여정에서도 똑같이 느꼈기 때문이다. 당신도 역시 우리가 공항으로 가면서 켄이 표현한 그런 좌절을 경험한 적이 있었을지도 모른다. 당신은 어제의 경험이 미래를 위해서 충분할 것이라고 기계적으로 가정할 수 없다. 당신은 더 깊이 들어가야 하며, 당신을 강화시키고 지속시키는 자원을 찾아야 한다.

이 저서는 영적 발전에 관하여 내가 발견한 것들을 당신과 나누고자 하는 나의 시도이다. 이 저서는 나의 신앙 여정(旅程)과 다른 사람들의 여정에 실재와 활력을 불어넣어 준 많은 개념과 경험을 담고 있다. 이 저서는 실재를 묘사하고 그리고 그 실재에 접근하려는 시도이다. 그러나 바로 여기 서두(序頭)에서, 나는 여기에 묘사된 그런 기독교를 갈등과 때로는 퇴보를 경험한 후에야 실천하게 되었다는 것을 정직하게 고백하고 싶다. 당신도 역시 그렇게 될지 모르겠다. 영성은 모험과 보상, 상처와 승리의 결합이며, 필연적으로 지극히 개인적이다.

보편적인 오류

참된 기독교 신앙을 포용하기까지, 나는 많은 오류—한 때 참된 것이라고 여겼던 오류—를 부딪치지 않으면 안 되었다. 나의 신앙 발전이 가치있기는 해도, 결코 완전한 것은 아니었다. 당신의 신앙 발전도 그랬을는지 모른다. 따라서 우리의 신앙을 진지하게 성찰(省察)해 보면 그릇 인도될 수 있는 개념들과 부딪치지 않을 수 없을 것이다.

† 모든 오류 가운데 가장 파괴적인 것은 십중팔구 바른 신학이 영적 활력을 고양(高揚)시키고 많은 인생의 유혹에서 우리를 보호하리라는 믿음이다. 복음주의 집단은 지난 십 년간 정통 신학에 대하여 점증(漸增)하는 관심을 보여주었다. 그리고 두 말할 필요도 없이, 많은 신학이 청소될 수 밖에 없었다! 이단에 빠져 몸부림치는 육십 년대는 하나님이 죽었다는 제안을 하기에 이르렀다! 그러나 오류를 진리로 바꾸려는 우리의 선한 의도와 열정으로, 우리는 사람들에게 올바르게 믿게만 하면 영적으로 살아있게 된다는 오류를 범했던 것이다.

최근 십 년에서 십오 년 동안 가르치는 사역이 물결처럼 일어났는데, 이것은 기독교의 진리를 가능한 한 순수하게 전해야 한다는 의도 때문이었다. 전국 방방곡곡에서 신자들은 그들의 노트와 머리에 놀라울 정도로 정확한 정보로 채우고 있다. 그럼에도 불구하고, 그들은 온갖 종류의 개인적인 문제로 계속 갈등하며, 그들이 지적으로 유지하고 있는 신앙이 당연한 삶의 질(質)을 일구어내지 못한다는 고통스러운 회의를 갖기에 이르렀다.

국가적으로 잘 알려진 한 상담자는 그의 대부분의 시간을 정통적인 기독인들과 보낸다고 나에게 언급하였는데, 그 이유는 그들에게 진리가 무의미하거나, 무관하거나 아니면 억압적으로 변했기 때문이었다. 그는 가장 어려운 경우가 근본적으로 보수적인 신학을 가진 사람들과의 상담이라는 사실을 서글프게 말했다.

신학적 진리를 영적 활력과 동일시하는 사람들은 이 첫째 오류를 받아들이기 쉽지 않을 것이다. 그렇다면 이것은 신학적 진리에 대한 관심이 중요하지 않다는 의미인가? 결코 그렇지 않다. 그러나 이것은 바른 신학을 포착해도 저절로 영적 활력이 창출(創出)되지 않는 것을 의미한다. 그리고 이것은 우리가 직면해야 할 중요한 것이며, 그래야 우리는 보다 의미있는 신앙으로 전진할 수 있을 것이다. 신학적 정확(正確)은 우리를 존 웨슬리(John Wesley)의 용어대로 "죽은 정통"으로 인도할 수 있다. 그것은 우리가 질 수 없는 짐을 다른 사람에게 지우는 현대판 바리새주의를 만들 수 있다. 그리고 최악의 경우, 그것은 우리 자신과 다른 사람에게 부정적인 결과를 입힐 수 있는 만족할 줄 모르는 완벽주의를 창출해 낼 수 있다.

나의 기독인 시절 초기에, 나는 이런 책을 만나게 되었다, 『왜 나는 나아지는 데 그렇게 오래 걸리는가?』(How Come It′s Taking Me So Long to Get Better?) 제목만을 보고 나는 그 책을 샀다. 저자는 여러 가지 중에서, 특히 활력 있는 기독교의 우물들이 보다 깊어져야 하며, 기독교는 믿어야 되는 교리(敎理)라기 보다는 살아야 되는 삶이라고 강조하였다. 정통 교리가 중요하나, 우리는 그것으로 우리 여정의 끝이 되게 해서는 안 된다. 바른 믿음만으로는 영적 활력을 창출하지 못한다.

† 아이러니컬하게도, 둘째 오류는 바른 경험이 영적 삶을 창출한다는 것이다. 신자로부터 일정한 경험이나 감정을 창출하려는 목적으로 만들어진 프로그램은 얼마든지 있다. 이 오류의 제안자

들은 사람들이 옳게 느끼면, 그들은 올바르다는 의견을 가지고 노력했다.

내가 성장한 전통에서는 거듭나거나 회심하면 하나님과의 궁극적 경험에 이른 것이라고 가르쳤다. 그래서 나는 나의 회심을 하나님에 대한 추구의 결말로 해석하였다. 나의 친구들 중에는 그들이 발견한 것을 결코 잃을 수 없다는 가르침 때문에 그 경험이 그만큼 더 확고해졌다. 메시지는 분명했다: 우리는 "도달하였다."

칠 년 후, 신학교 교수 한 분은 일회적인 경험은 생명력 있는 기독교를 결코 유지시키지 못한다고 가르쳤다. 그러나, 강한 열정에 사로 잡힌 그 시절, 그의 촌평은 대부분 귀를 스치고 지나갔다. 최근의 경향은 그 반대로 흘러 가고 있었다. 사람들은 찬양하고, 소리지르고, 손을 흔들면서 하나님 나라에 들어가고 있었다. 그것은 모두 너무나 좋게 보이는데, 어떻게 그것이 적절하지 않을 수 있겠는가?

그러나 시간이 지남에 따라 그 교수의 말이 옳다고 증명되었다. 사람들은 캠프로 후줄근히 돌아오면서 그들의 느낌이 고갈(枯渴)되었다고 고백하였던 것이다. 그들의 경험은 소진(消盡)되었다. 그들은 일회적인 경험--비록 그것이 바른 경험이라 할지라도--을 근거로 그들의 기독교를 유지할 수 없었던 것이다. 그들은 그보다 중요한 것이 있으리라고 느끼기 시작했다. 비록 그것이 무엇인지 그들이 당장은 묘사할 수 없지만 말이다.

이들 처음의 두 오류의 문제는 그것들이 그르지 않다는 것이다--그것들은 불완전할 뿐이다. 이 두 가지 방법을 통하여 (다른 방법으로는 갈 수 없는) 사람들이 천국으로 인도되었다는 것을 아무도 부인(否認)할 수 없다. 문제는 그것들이 오랫동안 사람들을 지탱해 줄 수 없었다는 것이다. 당신은 한 가지 요소의 인간 본성에 집중함으로 활력 있고 성숙한 신앙을 구축(構築)할 수 없다. 기독교는 포괄적이며 그러기에 전인(the whole person)을 고려한다.

  † 세째 오류는 영성이 그 자체로서 한 독립체이며, 따라서 인생의 다른 모든 부분과 분리되어 있는 하나의 개체(個體)라는 개념이다. 이러한 관점의 가장 생생한 그리고 가장 초기의 실례는 사람들이 가족을 떠나야 진정으로 영적일 수 있다고 믿은 사람들이다. 이 오류를 보다 일반적으로 표현한 것은 기독교를 삶의 책임과 일과에서 분리시킨, 그야말로 개인화(個人化)된 "나와 예수님"의 현상으로 바꾸려는 경향이다.

  대학에서 사역을 하는 동안, 나는 일단의 교수들과 모임을 갖고 있었는데, 그들은 영성에 난잡한 성행위를 포함시킨 학생들을 다루어 보려고 애쓰고 있었다. 학생들은 그들 신앙의 순결과 행동의 불결 사이에서 아무런 모순도 보지 못하는 것 같았다. 내가 또 텍사스에서 사역을 하고 있을 때, 일단의 교회 지도자들이 난잡한 아내 교환을 하던 것이 기억난다.

  이러한 행위는 신앙을 고백한 기독인들 편에서 보여주는 새로운 이원론(二元論)--그들의 신앙과 행위 사이에 담을 쌓는 "영성"--이다. 결과는 좋게 보이고 좋게 들리는 인위적인 영성이나, 적용의 순간에는 산산조각이 난다. 이것은 도덕의 영역에서도 사실이며, 보다 큰 사회를 위한 사역의 영역에서도 사실이다. 우리에게 개인적인 신앙을 허락하되, 인간 사이의 관계를 무시하는 기독교는 보다 높은 오류이다.

　† 어떤 기독인은 참된 영성이란 선택된 소수를 위한 것이라는 믿음 때문에 파산하였다. 전자 교회(electronic church)가 도래하기 전, 우리는 성직자들이 특별히 영적이라는 잘못된 믿음을 가지고 있었다. 그러나 대중 매체 사역이 쇄도(殺到)하는 작금(昨今)에, 유명인들만이 진정으로 축복받을 수 있는지 의심할 수 있게 되었다!

　만일 우리의 신앙이 성숙하기를 원한다면, 하나님과 보다 깊이 동행해야 될 후보가 바로 우리 자신이라는 것을 보아야 한다. 이것이 바로 공항으로 가면서 켄이 찾고 추구하고 있었던 것이다. 기독교에는 그가 경험한 것보다 많은 것이 있을 수 없다고 생각했었지만, 이제는 어떻게 그 깊은 삶을 그의 것으로 만들 수 있는지를 찾기 위하여 애를 쓰고 있었다. 그는 전문적인 종교인들만 그것을 소유할 수 있다는 것을 더 이상 믿지 않았다. 성령이 그의 삶에서 역사하시면서 이런 종류의 삶이 모든 기독인을 위함이라는 것을 알려주셨던 것이다.

　† 내가 다섯째 오류를 마지막까지 보류한 것은 그것이 보다 근자(近者)의 유행이기 때문이다. 그뿐 아니라 그것은 참된 기독교 조직을 부식(腐蝕)시키는 보다 교활한 암이다. 나는 영적으로 생동감 있다는 것은 물질적으로 번성해야 된다는 견해에 대하여 말하고 있는 것이다. 이 이단적인 견해보다 참된 기독교를 보다 많이 도려내는 것은 아무 것도 없다. 당신의 믿음은 하나님으로 하여금 당신에게 이 세상의 것들로 축복하실 수 밖에 없다고 가르치는 선생들은 얼마든지 널려있다. 그들의 생활은 그 원리를 실증하

는 것 같은데, 그 까닭은 그들의 후원자들이 그들의 사역에 수백
만불씩 쏟아 붓기 때문이다.

리차드 포스터(Richard Foster)의 저서, 『돈, 성 및 권력』
(Money, Sex, and Power)은 믿음을 물질화하는 이런 추세를
폭로한다. 그는 이 저서에서 돈, 성 및 권력의 강조가 어떻게 실제
적으로 청빈, 순결 및 순종의 세 고전적 원리의 왜곡(歪曲)인가를
보여준다.[1] 새로운 세대의 교사들과 작가들도 이 잘못을 폭로하
고 있으며 동시에 그 딜레마에서 나올 수 있는 방법들을 제시하고
있다. 나는 이 저서도 그 목적에 이바지하기를 희망한다.

참된 영성

영적 생활에 관련된 오류를 관찰하였으므로, 우리는 진짜 질문
을 해야되는 시점에 있는 것이다, "참된 영성은 무엇인가?" 사람
들이 영적 각성의 시기에서조차 놓친 영성은 무엇인가? 나는 앞
으로 이 장에서 그것을 검토하고자 한다. 나는 교회가 생생한 영
성에서 몇 가지 열쇠가 되는 요소들을 간과했거나 과소평가했다
고 믿는다. 영성의 과제는 이 요소들을 다시 도입하여 사람들로
하여금 그것들을 삶에 적용하도록 돕는 것이다.

당신이 자동차에 타고 있는 켄의 입장이 되어 함께 우리의 기독
교에서 기쁨의 음악을 다시 얻는 방법과 수단에 관하여 나누어 보
자. 내가 천박한 기쁨이나 가장(假裝)된 기쁨을 추구하고 있지 않
다는 것을 이미 당신에게 충분히 말했다고 생각한다. 오히려, 나

---

1 Richard Foster, *Money, Sex, and Power* (San Francisco:
Harper & Row, 1985).

는 예수님이 *축복받다*(blessed)는 단어에서 묘사하신 종류의 삶을 추구하고자 한다. 분명히 그분의 경건은 결코 얄팍하지 않았다! 그리고 성경에서 명확히 지적하는 것은 우리의 경건도 얄팍할 필요가 없다는 것이다. 그러므로 우리를 일평생 지속시킬 신앙으로 접근할 수 있도록 시간을 내어 함께 찾아보자.

† 먼저, 우리는 열쇠가 되는 요소들을 인지(認知)함으로 시작하자, 그리고 일차적인 요소는 당신과 내가 하나님의 형상으로 만들어졌다는 것이다. 그것은 물론 새로운 개념이 아니나, 그것이 영적 생활을 위한 초석(礎石)으로서는 새로운 인지일 수 있다. 여하튼, 창조의 절정에서, 하나님은 사람의 생명을 창조하실 때, 그 생명을 그분의 형상을 따라 만들기로 선택하셨다(창 1:26).

하나님의 형상에 대한 가르침은 전통적으로 이성(정신), 애정(감정), 의지(뜻), 영원(생명)--하나님과 함께 하는 영원--을 강조했다. 이 정의는 한 차원을 더 필요로 한다. 하나님의 형상으로 만들어졌다는 것은 우리가 관계를 위하여 창조되었다는 것도 의미한다. 우리가 하나님*처럼* 만들어졌다는 것은 우리가 하나님과 *함께* 교제를 나누게 하기 위함이었다.

우리는 우리를 닮지 않은 것들과 충분히 관계를 가질 수 없다. 나에게는 히쓰(Heath)라고 불리는 놀라운 스페니엘 개가 한 마리 있다. 그 개는 일정한 기본 단어와 명령 몇 가지를 이해할 수 있으나, 우리는 같이 앉아서 제대로 된 대화를 결단코 할 수 없다. 히쓰는 인간이 아니고 나는 개가 아니다. 우리는 서로 닮지 않았기 때문에, 충분히 관계를 가질 수 없다.

우리에게 완전히 알려지지 않은 이유 때문에, 하나님은 모든 피조물 중 인간과만 특별히 관계를 갖기를 원하셨다. 그러나 그렇게 되기 위해서는, 우리가 "하나님처럼" 되어야 했다. 우리가 하나님의 형상으로 만들어졌다는 것은 인간에 관한 언급 중 가장 중요한 것인데, 그 까닭은 우리의 본질에 있어서 거룩한 분과 관계를 가질 수 있도록 만들어졌다는 것을 의미하기 때문이다!

성경에서 여러 번 하나님은 말씀하신다, "내가 거룩하니 너희도 거룩하라."2) 이것은 실현의 가능성이 없는 명령인가? 나는 그렇게 생각하지 않는다. 오히려, 나는 이것이 초대 이상의 것을 내포한다고 믿는다. 바로 하나님이 인류에게 말씀하시는 것이다, "나의 생명을 참으로 놀라운 방법으로 나누라!" 그것이 은혜의 초대인 이유는 창조를 통하여 우리는 이미 하나님의 본질을 나누기 때문이다.

영적 생활에 관하여 저술한 과거의 저자들은 "인간의 영혼 속에 있는 하나님의 생명"에 대하여 종종 언급하였다. 이것이 가능한 것은 우리가 하나님의 형상대로 만들어졌기 때문이다. 하나님의 형상대로 창조되었기에 우리는 영적 생명의 표현을 처음 뿐 아니라 계속적으로 경험할 수 있다.

† 이와 관련해서 둘째 열쇠가 되는 요소가 있다: 성육신은 성육신을 통해 계속된다. 당신은 그 요지(要旨)를 이해하기 위하여 몇 번은 읽어야 할 것이다. 그것을 다른 말로 하면, 마틴 루터(Martin Luther)가 말한대로 기독인들은 "작은 그리스도"이다. 우리는 여기에서 메시야 콤플렉스(complex)에 대하여 말하고 있

---

2 출애굽기 19:6; 레위기 11:44, 19:2, 20:7, 20:26; 에베소서 1:4; 베드로전서 1:16.

는 것이 아니다. 그것은 의학적 문제로서 정신 병원을 통하여 처리된다. 그러나 신경증적 징후(徵候) 때문에 우리가 참된 것을 다루지 못할 이유가 없다. 우리는 결코 그리스도가 될 수 없으나(메시야 콤플렉스), "그리스도처럼" 될 수는 있다. 사실상, 이것은 회심의 초청을 제외하고 신약성경에서 가장 중요한 가르침이라고 나는 믿는다.

예수님은 그것에 대하여 언급하시면서 이렇게 말씀하셨다, "내 안에 거하라"(요한복음 15:4-7). 바울이 좋아하는 표현은 "너희 안의 그리스도" 그리고 "그리스도 안의 너희"였다. 사실, 바울은 기독교의 비밀을 이렇게 표현했다, "너희 안에 계신 그리스도시니 곧 영광의 소망이니라"(골로새서 1:27). 이 모든 것의 의미는 무엇인가? 간단하게 말한다면, 예수 그리스도가 이 세상에 오신 것은 우리를 위하여 죽으실 뿐 아니라, 우리를 통하여 사시기 위해서라는 것을 의미한다. 창조가 우리를 "하나님처럼" 만든 것과 같이, 재창조 내지 신생(新生)은 우리를 "그리스도처럼" 만든다.

이것은 지극히 중요하다. 하나님처럼 되라는 초청은 경이롭기는 하나, 다분히 철학적이지 개인적인 것은 아니다. 그러나 그리스도처럼 되라는 초청은 상당히 개인적이다. 스탠리 존스(E. Stanley Jones)가 말한 것처럼, "기독교는 말씀으로 머무는 말씀이 아니다—아니, 기독교는 육신이 되신 말씀이다." 마찬가지로, 우리의 영성은 개인적이다. 그리스도 자신이 우리 안에 그리고 우리를 통해 살러 오신 것처럼, 영성은 "그리스도처럼" 되는 것이다.

내가 처음으로 위에 인용된 구절들을 읽었을 때, 나는 솔직히 예수님과 바울이 상징적인 것을 말하고 있다고 믿었다. 나는 그들이 하나님의 실재를 묘사하기 위하여 제한된 인간의 언어로 애를 쓰고 있다는 느낌을 가졌다. 그러나, 나는 이제 예수님과 바울이 사실적인 실재를 묘사하였다고 믿는다! 그리고 그런 이유 때문에 "너희 안에 계신 그리스도"가 영광의 소망이시다. 예수님은 실제로 그 자신을 우리에게 제공하시며, 그 제공을 통하여 우리의 생애 가운데로 들어와서 우리로 하여금 더욱 그분처럼 만드시는 것이다.

나는 결혼 후 이 사실을 깨닫기 시작하였다. 신혼 때에도 우리는 이렇게 말하곤 했었다, "당신이 그렇게 말할 줄 알았어요." 우리의 관계에서 놀라울 정도로 정확하게 상대방을 예측할 수 있는 위치에 이르렀다. 세월이 지남에 따라, 우리는 이렇게 말하고 있는 우리 자신을 발견하곤 했다, "당신이 그렇게 생각하고 있을 줄 알았어요."

이런 능력이 어떤 신비롭고, 초감각적인 권능을 통해 왔는가? 아니다! 그것은 여러 해를 매일 같이 함께 살면서 생겼다. 그 능력은 아주 다양한 상황에서 서로를 관찰하면서 생겼다. 그것은 우리가 서로 마음을 나누는 장시간의 대화를 통하여 생겼다. 그리고 그처럼 장기간의 친밀을 거쳐서, 우리는 "공유하는 마음"을 품게 되었다.

이것은 정확하게 "그리스도의 마음"을 품으라고 우리를 부르는 성경의 의미라고 나는 믿는다(빌립보서 2:5). 그것은 어떤 상징적 경험을 위한 부름이 아니다. 물론 아니다. 그것은 우리에게 그리스도와 밀접하게 살며 그리고 그분으로 하여금 우리와 밀접하

게 사시도록 허락하는 요청이다—그렇게 오래 살면 결과적으로
우리는 그분처럼 인생을 보고, 그분처럼 반응하고, 그분처럼 행동
하기 시작할 것이기 때문이다. 그것은 상징이 아니다.

윌리암 바클레이(William Barclay)는 예수님을 통하여 우리
가 하나님을 알 수 있다고 말했다. 그러므로 우리가 진실되게 영
적인 삶을 영위(營爲)하려면 예수님이 절대로 필요하다. 왜냐하
면 그리스도 안에서 추상적인 것이 구체적인 것으로 변화되기 때
문이다. 철학적인 것이 개인적인 것으로 변화된다. 가능성 있는
것이 실재적인 것으로 변화된다. (우리가 하나님의 형상—이제 한
인간에서 충만히 육신으로 드러낸 형상—으로 만들어졌다는 것이
무엇을 의미하는지 안다.) 우리는 하나의 모델을 가지고 있는 것
이지, 어떤 메시지만을 가지고 있는 것이 아니다. 우리는 하나의
실례를 가지고 있는 것이지, 어떤 명령만을 가지고 있는 것이 아
니다.

불행하게도, 신세대 운동(the New Age Movement)의 주창
자들 가운데는 그리스도를 닮아간다는 이 개념을 왜곡(歪曲)시켜
서, 우리가 모두 하나님이 되는 것을 뜻한다고 주장한다. 내가 말
하고 있는 것은 그런 것이 아니다. 성경은 우리가 성령을 통한 그
리스도의 생명 때문에 생명을 갖게된 인간이라고 가르친다. 우리
의 생명은 점증적(漸增的)으로 그리스도의 생명으로 스며들어가
고 있다. 우리는 바울이 한 말을 할 수 있게 된다, "내게 사는 것
이 그리스도니라"(빌립보서 1:21). 이것이 바로 성육신이 우리
안에서 그리고 우리를 통하여 계속된다는 것을 의미한다.

　† 이것은 처음의 두 요소에서 자연스럽게 나오는 셋째의 열쇠

요소로 우리를 인도한다. 생명은 본질적으로 신성하다. "하나님처럼" 창조되었고, "그리스도를 닮도록" 구속되었기에, 우리는 다른 사람과의 관계를 더 이상 전적으로 세속적 관점에서 맺을 수 없다. 우리가 만나는 모든 사람은, 창조에 의해, 천사보다 약간 못한 존재이다. 그리고 그들이 기독인이라면, 그들과 우리는 그리스도를 통한 구속과 "그리스도 안에 있는" 생명을 함께 나눈다.

우리가 생명의 신성을 이해한다면, 우리의 이익을 위하여 다른 사람들을 다시는 조정(調整)할 수 없다. 우리는 세계 어디에서건 비인간화(非人間化)의 세력이 판을 칠 때, 침묵하거나 방관할 수 없다. 우리는 인간을 한 집단으로 일괄(一括)해서 그들을 "원수"라고 부를 수 없다.

기독교의 본질은 변화이다. 하나님이 그리스도 안에서 우리에게 오신 것은 우리를 죄로부터 구속하고 또 우리 안에서 역사하여 그 결과 우리로 하여금 점증적으로 그리스도를 닮아가게 하기 위해서이다. 우리는 새로운 눈으로 생명을 보고 또 새로운 귀로 생명을 듣기 시작한다. 우리는 새로운 가치관과 동기를 지니고 세상에서 살아간다. 참된 영성이란 우리가 논의한 열쇠 요소들을 포함하고 또 한 발 더 나아가 그 실재를 우리의 삶에 의식적으로 적용하기 위하여 행동하는 것을 깨닫는 것이다.

하나님과의 교제

위에서 언급한 중요한 요소들을 우리의 삶에 합병(合倂)시킬 때, 우리는 믿음의 관계적 특성을 인식하게 된다. 그러나 우리가 그 관계를 해석하는 방법은 다양하다. 어떤 이들은 자유방임의 태도로 기울면서 이렇게 말하는 하나님으로 해석한다, "너는 나의 것이라. 마음껏 즐기면서 네가 어떻게 살든 염려하지 말라." 또 어떤 이들은 율법주의적 이해로 기울면서 이렇게 말하는 하나님으로 해석한다, "너는 나의 것이라, 그러나, 네가 계속해서 나의 것이 되기를 원한다면, 반드시 모든 규율대로 행동해야 한다." 그리고 이 둘 사이에도 다양한 해석 방법이 있다.

예수님이 오셔서 제공하고자 하는 관계를 어떻게 정의할까? 기독교 신앙을 가진지 거의 사반세기가 된 후 그리고 여러 가지의 가능성을 연구한 후, 나는 일차적 관계를 교제라고 묘사할 수 있다는 확신을 갖는다. 예수님은 하나님과의 교제를 제공하기 위하여 오셨다. 그분은 이렇게 말씀하셨다, "이제부터는 너희를 종이라 하지 아니하리니 종은 주인의 하는 것을 알지 못함이라. 너희를 친구라 하였노니 내가 내 아버지께 들은 것을 다 너희에게 알게 하였음이니라"(요한복음 15:15).

삼년 동안 제자들은 소위 "무지한 순종"(uninformed obedience)으로 행하였던 것이다. 그들은 때때로 어렴풋이 깨닫고 이해한 적도 있었으나; 대부분 그들은 예수님이 누구이며 또 무엇을 하시는지 이해하려고 애를 썼다. 종들처럼, 그들은 이해의 능력 너머에 있는 사건들을 밖에서 구경하고 있었다. 그리스도가 떠나신 후, 믿음을 존속시키고 싶다면 그런 태도는 변화되어야 했다. 종이 되는 것만으로는 충분하지 않았다.

그것은 지금도 마찬가지이다. 당신이 그리스도와의 관계를 의무, 책임, 습관에 두는 한, 당신은 파멸의 언저리에서 스케이트를 타고 있는 것이다. 당신이 자신을 외부의 구경꾼으로 간주하는 한, 일이 어려워질 때 그 일을 감당할만큼 충분히 소유하지 못한 위험을 안고 있다. 당신이 "그리스도 안에" 그리고 그리스도가 "당신 안에" 거하지 않으면, 당신은 참된 것을 일생동안 부적절한 대치물(代置物)과 바꿀 수 있는 위험을 안고 있다. 예수님은 첫 제자들에게 있던 위험도 아셨으며, 그리고 우리들에게 있는 위험도 아신다.

하나님과의 교제는 바로 우리가 추구하는 것이다. 그런 종류의 관계를 통해서만 우리는 우리가 원하는 곳으로 인도될 것이다. 그런 유의 관계만이 우리가 압박에 짓눌릴 때 우리를 받쳐 줄 것이다. 그런 유의 관계만이 기독교를 우리의 의무가 아니라 우리의 생명으로 만들 것이다. 과거의 성도들은 이것을 알고 있었으나, 현대의 기독교는 영적 건망증이라는 위험한 상황에 사로잡혔다.

참된 영성은 달리 개작(改作)된 "쉬운 믿음주의"(easy believism)가 아니다. 그것은 당신이 열 과목 내지 십 년에 걸려서 터득할 수 있는 또 하나의 "프로그램"이 아니다. 참된 영성은 보다 열심히 그리고 보다 잘 하는 것이 아니다. 참된 영성은 순수한 은혜의 문제이며, 그 보답으로 당신이 드릴 수 있는 모든 헌신이다.

헨리 누웬(Henri Nouwen)은 영적인 삶을 불확실에서 확실로 옮겨지는 변화로 묘사하였다.3) 하나님과의 교제라는 개념에 대하여 우리가 논의하고 있는 것을 좀 특이하게 "변화"라는 개념으로 사용하고자 한다. 우리가 살펴 본 것처럼, 그 변화는 종에서 친구로의 변화이다. 이런 변화에서 그것이 의미하는 바를 설명하

---

3 Henri Nouwen, *Making All Things New* (San Francisco: Harper & Row, 1981), pp. 36–37.

는 기타의 변화도 있다.

　† 첫째, 그것은 율법주의에서 은혜로의 변화이다. 마틴 루터
는 기독인의 생애에서 최고의 날은 "너는 해야만 한다!"라는 하나
님의 말을 듣는 것에서 "너는 하고 싶으면 하라"는 하나님의 말을
듣는 변화라고 했다. 이것은 믿음의 온전한 토대가 위협에서 특권
으로의 전환(轉換)을 의미한다. 하나님은 우주의 경찰을 중단하
고 사랑의 안내자가 되신다.

　놀랍게도--그리고 슬프게도--너무나 많은 기독인들이 하나님
과의 관계에서 두려워 떨고 있다. 내가 강의실에서 이런 것에 대
하여 강의를 마친 후, 한 학생이 나의 연구실을 찾아와서 그 시간
이야말로 그의 생애에서 정말 하나님을 만난 순간이었다고 간증
하였다. 그는 생전 처음 요구하는 율법의 하나님이 아니라 사랑의
하나님을 보게 되었다. 그는 떠날 때 기쁨에 넘쳐 있었다!

　당신의 하나님은 요구하시는가 아니면 초청하시는가? 당신의
하나님이 요구하시는 분이라면, 당신은 예수님의 아버지를 만나
야 한다. 우리 주 예수 그리스도의 아버지이신 하나님은 초청하신
다. 이것은 우리가 받아들이지 않아도 결과 없는 값싼 초청이 아
니다. 그 초청은 정에 젖은 감상주의(感傷主義)가 아니다. 오히
려, 그것은 은혜로만 가능한 그런 삶의 양식에로의 초청이다. 그
리고 그 초청이 거절될 때, 하나님을 노하게 하기보다는 거의 슬
프게 하는 그런 초청이다. 만일 하나님을 멀리하는 사람들이 어깨
너머로 뒤를 돌아다 본다면, 그분의 눈에서 흐르는 눈물--손에 들
린 곤봉이 아니라--을 보게 될 것이다.

　우리가 처한 사회에서, 영적 생활이 은혜로 이루어진다는 개념

을 붙잡기란 쉽지 않다. 우리는 너무나 자주 "당신은 돈을 낸만큼 가지라"는 기치 아래 살고 있으며, 기독교를 이런 것 속에 집어넣는 경향이 있다. 진정한 영성이 은혜에 의해서이지, 미리 결정된 일단의 율법을 지킴으로써 오지 않는다는 사실은 참으로 믿기워지지 않는다. 그러나 하나님은 그분만이 공급할 수 있는 선물을 주기 위해서 오신다. 우리는 그것을 획득하거나 공로로 얻을 수 없다. 참된 영성은 율법주의로부터 은혜로의 변화를 요구한다.

† 둘째, 가장자리에서 중심으로의 이동이다. 노예들은 밖에 있다. 그들은 진정 가족의 일부로 느끼지 못한다. 그들은 명령을 받고 의무적으로 그 명령을 수행한다. 그러나 친구들은 안에 있다. 그들은 무슨 일이 일어나고 있는지 안다. 사실, 그들은 때때로 일어나고 있는 일에 영향을 미치기도 한다. 이런 종류의 삶을 예수님은 우리에게 제공하신다.

다시, 이것도 붙잡기 어려운 개념인데, 우리는 교회 생활에서조차도 밖에 있는 사람들처럼 느낄 때가 종종 있기 때문이다. 우리의 의견 없이 계획과 프로그램이 수립되며, 우리는 단순히 헌금하라는 명령을 받는다. 예배 순서가 계획되며 우리는 참석하기만 하면 된다는 명령을 받는다. 말로 표현할 수는 없으나, 이런 것은 하나님이 우리를 밖에 있는 사람으로 간주하신다는 생각을 들게 할 수 있다.

그러나 "은혜의 삶"은 명령을 받고 그 명령을 수행하는 삶만은 아니다. 은혜의 삶은 수동적인 순종이 아니라 적극적인 참여이다. 그것은 느낌과 의견이 존중되는 가족의 일원이 되는 것을 의미한다. 우리는 하나님을 완전히 이해할 수는 없지만, 그분의 많은 방

식을 이해하도록 초청받았다. 기도와 묵상(默想)을 통하여 우리
는 그분의 뜻에 교감(交感)할 수 있도록 초청받았다. 참된 영성은
우리가 구경만 하지 않고, 오히려 참여하고 있다는 깨달음을 우리
안에 심어 주는 것이다.

내가 목회하던 교회에서 한 평신도 지도자가 이 진리 때문에 영
적으로 소생(蘇生)된 때를 나는 아직도 기억한다. 오랫동안, 그는
의무 지향적인 교인이었다. 그는 교회를 믿었고, 또 교회를 기도
로, 출석으로, 헌금으로, 봉사로 후원했다. 그러나 태도로 말하자
면, 그는 밖에 있는 사람과 같이 느꼈다. 그는 교회의 많은 것을
하나님과 목사에게 맡겼다. 그의 임무는 "명령"을 기다리며 또 그
명령을 후원하는 것이라고 그는 판단했다.

그러나, 일련의 사건들을 통하여 그는 교회의 방향을 결정하는
데 일익(一翼)을 담당해야 한다는 그리스도로의 초청을 받았다는
사실을 깨닫는 단계에 이르게 되었다. 그 초청은 선교와 관련된
것이었다. 그는 적극적으로 국내 선교 파견 기관에 참여하게 되었
고, 그 자신도 선교 여행에 동참하면서 그의 농업 및 기계 기술을
사용했다. 교회 사역을 바라 보는 것에서 가족의 일원이 된 그의
변화는 가히 혁명적이었다.

우리가 이십 세기의 제자로서 일 세기의 제자들이 하나님 나라
의 사역에 참여한 것처럼 우리 자신을 보기 시작할 때, 우리는 활
력있는 기독교 안으로 들어간다. 그것은 우리의 삶이 성령의 통로
가 된다는 의미이다. 우리의 재능은 달리는 이룰 수 없는 것들을
이루기 위하여 그분의 손에 맡긴 도구가 된다.

† 이것과 무관하지는 않은 셋째 변화는 일에서 소명(召命)으

로의 변화이다. 우리는 종종 기독교를 소명이라기 보다는 일요일의 일로 간주하는 경향이 있다. 누군가가 말했듯이, 그것(일)이 너무 쉬워서 기독교를 삶의 일부로는 삼을 수 있으나 삶 자체로는 삼을 수 없다.

공산국가에서 온 목사와 이야기를 하면서, 나는 무신론 사회에서 교회를 허용하는 것은 모순되게 보인다고 언급했다. 그는 이렇게 대답했다, "당신이 기독교를 일주일에 하루 수용하는 한 그것은 아무 위협도 되지 못합니다. 그러나 기독교가 삶의 방식이 될 때, 당국은 그것을 박멸하려고 합니다."

나는 세속화된 사회에 사는 많은 사람들도 똑같이 말하리라고 믿는다. 기독교가 일 주일에 하루로 한정되는 한, 결코 위협이 되지 않는다. 이방(異邦) 문화는 기독인의 가치관이 그들 시장의 가치관에 배치(背馳)되지 않는 한, 기독인의 가치관을 관대히 대할 것이다. 반복적으로 평신도들은 나에게 이렇게 말했다, "기독인이 되기 가장 어려운 면은 내가 일하는 장소에서 기독인의 삶을 사는 것이다."

불행하게도, 많은 자칭 기독인이 그들의 믿음을 밀폐된 구획(區劃)--주간 중 특정한 하루, 하루 중 특정한 순간, 그리고 특정한 관계라는 구획--으로 정의하였다. 그렇게 하면 그들의 믿음은 안전하고, 다루기 쉽고, 무해(無害)하게 된다. 만일 우리가 진정으로 영적 삶을 영위하려면, 기독교가 우리의 소명이라는 것을 알아야 한다. 기독교는 우리가 시시때때로 행하는 것이 아니다. 기독교는 언제나 우리의 됨됨이인 것이다.

나는 은행에 근무하는 친구에게 얼마나 자주 위조 지폐를 보는

지 물었다. "거의 매일," 그는 대답했다. 나는 그가 돈을 헤아리면서 어떻게 위조 지폐를 찾아낼 수 있는지, 무슨 표시를 찾으라고 배웠는지 물었다. 그의 대답은 나를 놀라게 하였다. 그는 말했다, "위조 지폐의 종류는 너무 다양해. 우리는 참된 것을 인식하고 다루면서 위조 지폐를 찾아내지. 네가 참된 것을 안다면, 가짜를 찾을 수 있어."

영적 삶도 마찬가지이다. 참된 것이라고 공언된 것들이 많으나, 실제로 그것들은 위조이다. 우리의 과제는 돌아다니면서 잘못된 것들을 지적하는 것이 아니다. 오히려, 우리는 참된 것을 접촉하기 위하여 부르심을 받은 것이다. 참된 것 자체가 확인자이며, 거짓된 것의 표시이다.

그런 이유 때문에 예수님은 제자들에게 참된 영성이란 교제라고 강조해서 말씀하셨다. 그분은 자신을 우리의 친구로 제공하시며, 우리에게 비할데 없는 관계에서 그분의 친구가 되라고 청하신다. 이 저서의 남은 장들에서 우리는 그런 관계의 차원을 살펴 볼 것이다.

✝ 참된 영성을 찾자

이때부터 예수께서 비로소 전파하여 가라사대, "회개하라, 천국이 가
까왔느니라."   마태복음 4:17

침묵을 훈련하라

당신의 잡다한 생각들이 잠잠해질 때까지 조용히 앉아 있으라.
예수님이 당신으로 하여금 참된 영성의 여정을 할 수 있도록 돕기
위하여 오신다고 상상하라.

명상을 훈련하라

회개는 당신의 마음을 바꾸는 것을 의미한다. 당신의 삶에서 회
개를 필요로 하는 곳들을 생각하라.

예수님과의 교제는 참된 영적 삶의 목적이다. 당신의 친구가 참
된 것을 향한 당신의 여정을 촉진(促進)시켜 주시는 예수님을 어
떻게 알아가고 있는가를 묵상하라.

결단을 훈련하라

당신이 부적절한 믿음에서 참된 믿음으로 전환하기 위하여, 두
세 가지 태도나 행동의 변화를 열거하라.

기도를 훈련하라

예수님이 당신의 삶 속에 은혜로 들어와서 당신으로 하여금 결
단들을 잘 실행할 수 있게 하여 달라고 기도하라. 당신에게 교제의
선물을 주신 그분에게 감사하라.

읽기를 훈련하라

시편 27편 7-10절과 마태복음 28장 20절을 읽어라.

2

연극 장면 - I

영적 생명은 살아 있다. 그 생명은 움직인다. 그 생명은 맥박이 뛴다. 그런 이유 때문에 나는 영적 생명을 연극으로 말하고 싶은 것이다. 연극 공연에는 많은 장면이 있을 뿐 아니라 계속적인 줄거리와 등장 인물의 전개가 있다. 연극이 진행됨에 따라, 우리는 이런 말을 종종 한다, "연극이 흥미진진한데." 영성에서도 역시 마찬가지로, 아무 것도 뒤에 남기지 않으면서 진행과 전개가 있다. 이 장에서 우리는 영성의 주요 장면들을 살펴보기를 원한다.

정의

연극은 각색(脚色), 곧 줄거리가 있어야 한다. 줄거리 없는 연극은 동작과 의미도 없을 것이다. 장면마다 아무 연관도 없을 것이다. 모든 것이 혼돈일 것이다. 마찬가지로 영적 생명에서도 우리가 어디에 있는가를 어느 정도는 이해해야 한다. 그렇지 않으면 우리는 사방에서 허둥대며, 귀중한 시간과 노력을 낭비하며, 심지어 잘못된 곳에서 끝장날 것을 모험한다.

나는 차를 타고 다니는 어느 판매원의 이야기를 좋아하는데, 그는 시골길을 따라 가다가 의외의 광경을 보게 되었다. 큰 헛간의 벽에 활 과녁들이 일렬로 있었다. 놀랍게도 모든 과녁의 중심에 화살이 하나씩 꽂혀 있었다. 판매원은 정확한 사경에 너무나 감동되어서 노련한 사격수가 누구인지 알아 보려고 길가에 차를 세웠다.

그가 농부를 발견하자 누가 화살들을 헛간 벽에 쏘았느냐고 물었다. 농부는 말했다, "내가 했소." 흠찟 놀라면서 판매원이 소리쳤다, "당신은 언제나 과녁의 중심을 명중시킬 수 있단 말이요? 그거 믿기 어렵소!" 농부는 발을 내려다 보면서 중얼거렸다, "참, 저것은 아무 의미도 없소. 나는 활을 헛간에 당기고 나서 화살 주위에 과녁을 그렸다오!"

이것은 왜 정의(definition)가 그렇게 중요한 지를 예시(例示)한다. 정의가 없다면, 우리는 사방으로 활을 쏘아 놓고, 우리의 영적 화살 주위에 거짓된 과녁을 그려 놓음으로 우리의 수고를 정당화하려 할 수 있다. 제1장에서, 우리는 참된 영성을 핵심적으로 정의했다: 하나님과의 사귐. 이 정의는 성경에서 확증되고 있을 뿐 아니라, 오랜 기간의 기독교 역사에서 개발되었다.

우리는 이 정의를 꼭 붙잡아야 한다. 왜냐하면 우리들 대부분은 회원이라는 심리(心理)가 우리의 사고에 스며드는 사회에 살았기 때문이다. 우리는 수많은 클럽과 조직체에 속해 있다. 우리는 교회의 회원이 되는 것이 어떤 것인지 안다. 그러나 영성이라는 견지에서, 우리는 기독교의 실제 정의로서 회원 심리를 받아들일 수 없다. 그 심리는 우리가 추구하는 영적 생명의 자질(資質)과 활력을 생성(生成)할 수 없을 것이다.

만일 하나님과의 사귐이라는 개념이 아주 새롭다면, 당신은 1장을 다시 읽고 그 의미를 명상(冥想)해도 좋을 것이다.

욕구

당신이 추구하는 것이 무엇인지를 일단 파악하면, 당신은 이렇게 물어야 한다, "나의 인생에서 나는 이것을 얼마나 원하는가?" 그것은 중대한 질문이다. 당신은 하나님과의 교제 없이도 무언가 중요한 것을 이해할 수 있을 만큼 오래 살았다. 그리고 당신이 회원 심리에 너무 밀착되어 있다면, 당신은 이와 같은 기독교의 새로운 정의를 수용하지 않으면서도 계속해서 활동적인 회원이 될 수 있다는 것을 안다. 표면상으로, 당신은 이러한 유(類)의 영적 생명에 관심을 느낄른지 모르지만, 그러나 보다 더 성찰(省察)하면, 당신은 보다 깊이 관찰할 필요가 있을지도 모르겠다.

나는 이 장면을 예수님이 제자들과 궁극적으로 이를 수 밖에 없었던 갈림길과 비교한다. 당신은 이 장면을 요한복음 6장 25-29절에서 볼 수 있는데, 거기서 예수님은 기적적인 표적과 이적의 강조에서 그분과 참으로 하나가 되는 일체(一體)로 바꾸기 시작하였다. 군중들은 이것이 "어려운 말씀"이라는 것을 실감하였다. 간간이 몇 가지의 축복을 제공할 수 있는 분에게 헌신하는 것은 가장 밀접한 관계를 요구하는 분에게 당신의 생애를 헌신하는 것과 전혀 다르다. 그래서 요한은 이렇게 기록한다, "이러므로 제자 중에 많이 물러가고 다시 그와 함께 다니지 아니하더라"(요한복음 6:66). 예수님은 제자들의 마음을 시험하셨는데, 그 목적은 그들의 욕구(desire)가 그분을 이처럼 급진적으로 따르기를 원하는지 알아보기 위해서였다.

오래 전, 예레미야 선지자는 하나님을 대언하면서 이렇게 말했다, "너희가 전심으로 나를 찾고 찾으면 나를 만나리라"(29:13). 이것은 욕구의 문제이며, 영성이라는 연극에서 매일 우리를 대면한다. 그 욕구는 시편 기자의 기도로 인도한다, "하나님이여 나를 살피사 내 마음을 아시며 나를 시험하사 내 뜻을 아옵소서. 내게 무슨 악한 행위가 있나 보시고, 나를 영원한 길로 인도하옵소서"(139:24).

정의는 욕구를 유발(誘發)한다--우리는 그것을 인간적 사랑에서 경험한다. 나는 아직도 지니(Jeannie)를 처음 만난 때를 기억한다. 우리가 서로를 더 잘 알게 됨에 따라, 그녀를 보다 더 이해하게 되었다. 그리고 그녀야말로 내가 아내로 원한 그런 여성의 정의에 맞는다는 것을 점증적으로 알게 되었다. 그러나, 어떤 시점에서 나는 정의를 너머 욕구로 옮겨가서, 그녀를 나의 아내로 *원했던 곳*--너무나 원한 나머지 나는 그녀에게 기쁜 마음으로 청혼을 할 수 있는 곳--에 이르러야 했다. 그렇다, 겁이 나서 그녀로부터 피하고 싶은 유혹도 없잖아 있었다. 그렇다, 마음을 성찰하는 기간도 있었다. 그러나 내 마음의 욕구는 지니였고, 그 욕구는 나로 하여금 행동하게 했다.

우리는 영성에서 우리 의지의 능력과 필요를 결코 과소 평가해서는 안 된다. 비록 하나님의 은혜가 우리를 압도할 수 있기는 해도, 우리가 원하지 않는 것을 하라는 강요는 결코 하지 않는다. 이

단과 이방 종교의 특징은 통제할 수 없는 충동으로서, 그것으로
사람들이 원하지 않는 것을 말하고 행하게 한다. 참된 기독교의
표지(標識)는 하나님의 은혜와 우리의 자원(自願)--그 은혜로 하
여금 우리 안에서 그리고 우리를 통하여 역사할 수 있도록 하게
하는 자원(willingness)--의 결합이다. 만일 하나님이 당신에게
보다 깊은 영적 생명에 대한 갈망과 갈증을 주시고 있다면, 당신
은 욕구라는 장면 안에 있는 것이다.

분별

내가 여기서 사용한 분별(discernment)은 성령의 은사나 또
는 신비적인 경험이 아니다. 분별은 영성이 무엇인가에 대한 이해
이다. 이 분별이 필요한 까닭은, 분별하지 않으면 우리는 영성을
자기 과시를 위한 또 하나의 "자조(自助)의 프로그램"(self-help
program) 내지 교회에 있는 또 하나의 유행으로 볼 수 있기 때문
이다. 우리가 이 둘 중 어떤 견해를 택하더라도, 하나님이 우리를
위하여 계획하신 영적 삶을 놓칠 것이다.

† 이 오류에는 두 가지 문제가 있다. 첫째, 영성의 초점은 자
신에게 있지 아니하고 자신을 변화시키는 예수님에게 있다는 것
이다. 많은 자조의 프로그램이 갖는 문제는 자신에 초점을 둔다는
것이다. 각종 테이프와 방법과 세미나는 모두 우리가 더 잘 되게,
더 잘 행하게, 더 잘 기능하게 돕는 도구이다. 우리가 영성에서 자
신에게 초점을 둔다면, 우리는 참된 영성을 놓칠 것이다. 우리는
"이기주의"와 "영적 발전"을 구별해야만 한다. 그 차이점은 때때
로 미세(微細)하지만 그러나 매우 중요하다.

이기주의(selfishness)는 이렇게 말한다, "하나님은 나를 섬기기 위하여 존재하신다. 종교는 자기 개선을 위한 수단이다. 종교는 나로 하여금 더 기분 좋게, 더 잘 살게 만든다. 종교는 나를 위해 존재한다." 진정한 영성은 우리 인간이 성장하고, 발전하고 또 성숙하게 되어 있다는 것을 인정한다. 하나님은 이러한 종류의 생명력을 가지고 우리를 만드셨다. 그러나 우리의 성장과 발전은 "목적"이 아니라 오히려 더 큰 목적--하나님과 함께 하는 삶과 그분을 위한 봉사--을 위한 "수단"이다. 이러한 이유 때문에 우리의 기독교가 자기 중심인지 아니면 그리스도 중심인지 종종 자문하지 않으면 안된다.

† 둘째, 분별이 필요한 까닭은 영성은 프로그램이 아니기 때문이다. 우리는 믿음의 문제를 프로그램으로 생각하도록 자라났다. 우리가 기독교에서 경험하는 거의 모든 것은 출발점과 종착점을 소지(所持)한다. 교단마다 매년 새로운 목표를 채택한다. 교회마다 매년 특별한 관심들을 갖는다. 프로그램은 왔다가 간다. 조심하지 않으면 당신도 이와 같은 책을 통하여 영성이 하나의 프로그램이라고 생각하게 만들 수 있다.

프로그램으로서의 영성과 효과적인 프로그램을 사용하는 영성과의 차이점을 분별하는 것은 극히 중대하다. 우리로 하여금 예수 그리스도의 은혜와 지식으로 성장하게 하는 어떤 것이든 수용(收容)되고 또 사용되어야 한다. 그러나 우리는 어떤 프로그램도 눈꼽만큼의 영성을 제공하는 것으로 간주해서는 안 된다. 서적, 테이프, 세미나 등 아무 것도 그렇게 할 수 없다.

이런 이유 때문에 로마 가톨릭 친구들은 우리 개신교인들을 경이로운 눈으로 본다. 그들에게 영성은 과거 이천 년 동안 그들의 혈맥(血脈)이었다. 그들에게 영성은 어떤 하나의 자료나 세기(世紀)나 운동으로 프로그램화 되었거나 포함된 적이 없었다. 오히려, 그들에게 영성이란 죽을 때까지 영위해야 될 생애--점증적으로 그리스도를 닮기를 추구하는 생애--로 간주되었다. 그들에게 영성이란 하나님의 은혜로 성령의 능력을 통하여 세상에서 영위되는 삶을 살아가는 것으로 보였다. 그것은 성령의 힘에 의지하는 삶의 방식이다.

만일 우리가 삶을 일련의 졸업으로 생각한다면, 우리의 교육제도 조차도 영성에 대하여 우리를 잘못 인도할 수 있다. 교육을 보다 더 정확히 이해하면, 교육이란 다른 어떤 것을 위하여 우리를 *준비시키*는 경험이라는 것을 알게 된다. 교육은 목적이 아니라 더 중요한 목적을 위한 수단이다. 마찬 가지로, 영성은 일평생 하는 연속적인 준비이다. 우리는 어떤 종착점이나 은퇴기로 하여금 우리의 영성 속으로 잠입(潛入)하지 못하는 환상을 위하여 기도해야 한다.

나는 하나님이 이 점에서 나의 삶에 본이 된 사람들을 주신 것을 감사한다. 나는 스탠리 존스를 한 번 밖에 만나지 못했지만, 그는 평생의 차원인 기독교를 나에게 알려 주었다. 그분의 저서를 읽으면서 나는 삶을 결코 중단하지 않는 분을 만나게 된다. 그의 삶이 다할 때까지, 그의 믿음에는 새로운 개념과 발견이 주요한 요소로 자리잡고 있었다. 심각한 뇌졸중을 일으킨 후에도, 그는 마지막 저술을 하였는데, 그 저서에서 그의 믿음이 계속적으로 생

동(生動)하고 중요했다고 기록하였다.[4]

소천이 가까운 맥피터스(J. D. McPheeters) 박사도 기독교 신앙의 끝없는 발전을 내게 상기시켜 준 하나님의 사람이었다. 나는 맥피터스 박사를 애스베리신학교의 학장에서 은퇴한 지 오랜 후 만났다. 그러나 실제로 맥 박사는 결코 은퇴하지 않았다—그분은 그 단어의 의미를 알지 못했다! 나는 아직도 그분이 신학교에서 한 마지막 설교를 기억하는데, 그때 그는 하나님이 그의 인생에서 "새로운 일"을 하시고 있다고 학생들에게 말했다. 그분은 믿음 안에서의 성숙을 결코 멈추지 않았다.

당신도 이런 본을 당신의 경험에서 가져 본 적이 있는가? 물론 그랬을 줄 믿는다. 기독교는 끝을 가지고 있지 않다는 것을 이해하는 것이 영성에서는 절대적으로 필요하다. 우리가 성령에 의해 형성되고 있다면, 우리가 이 세상에 사는 마지막 날도 발전의 날이 될 것이다. 하나님의 은혜는 우리로 하여금 평생토록 성장하게 한다.

구상(構想)

영성의 지속적인 국면을 인식한다면, 우리는 연극에서 다음 장면, 곧 구상(design)으로 옮겨갈 수 있다. 바로 여기에서 영성은 흥미롭고 도전적이 되는데, 그 까닭은 우리는 우리의 영적 발전을 독특하고 복사될 수 없는 우리 자신에게 맞도록 조절하기 때문이다. 하나님은 우리가 독특한 것처럼 우리를 위하여 독특한 영성을

---

4 E. Stanley Jones, *The Divine Yes* (Nashville: Abingdon Press, 1975).

염두에 두신다는 것을 우리는 발견한다.

내가 좋아하는 영성의 정의는 "당신의 계획을 하나님과 더불어 구상하라"이다.5) 나는 이 정의를 좋아하는데 그 까닭은 그것이 개인적 독특성을 말해주는 것 같기 때문이다. 하나님은 다른 기독인과 같은 영적 생활의 모습을 우리에게 주기를 원하시지 않는다.

이것은 너무 중요하다. 왜냐하면 우리는 다른 사람의 영성을 모방하려는 유혹을 종종 받기 때문이다. 이것은 자연스러운데, 특히 그 사람이 우리의 영적 영웅이거나, 우리의 삶에 특별한 영향을 끼쳤다면 더욱 그렇다. 그러나 만일 우리가 모방하는 방향으로 나간다면, 우리는 얼마 지나지 않아서 정도(正道)에서 벗어날 것이다.

당신은 다윗과 골리앗의 이야기를 기억하는가? 다윗이 거인과 싸우겠다고 사울에게 자청하였을 때, 왕이 먼저 한 일은 자신의 갑옷과 투구를 다윗에게 입히는 것이었다. 그러나 다윗은 그와 같은 전투 복장에 익숙하지 않기 때문에, 갑옷을 입고 덜그럭거리며 걸어보다 마침내 이렇게 말했다, "나는 이것을 입고 갈 수 없습니다. 나는 이것에 익숙하지 않습니다." 사실상, 다윗은 이렇게 말하고 있는 것이다, "내 방식대로 거인과 싸우겠습니다."

그러나 그의 방식은 특이하였다. 그는 다섯 개의 매끄러운 돌멩이와 고무총을 가지고 골리앗과 싸우기 위해 앞으로 나아갔다. 이야기가 이 시점에 이르렀을 때 나는 이스라엘 군대가 이렇게 말하는 것을 들을 수 있을 지경이었다, "불가능하지. 그도 끝장났네!

---

5 Maxie Dunnam, *Barefoot Days of the Soul* (Nashville: The Upper Room, 1975), p. 75.

거인과 그렇게 싸울 수 없거든." 골리앗 조차도 소년을 놀렸다. 그러나 다음으로 우리가 들은 것은 거인이 땅에 엎드러지는 소리였다. 다윗은 그의 방식으로 거인을 죽였던 것이다.

내가 젊은 목사일 때 사람들이 네게 와서 이렇게 물었던 것을 기억한다, "스티브, 나의 영적 생활을 도와줄 수 있습니까?" 나를 위하여 역사했던 것은 그들을 위해서도 틀림없이 역사하리라는 나의 성급한 결론도 나는 기억한다. 그래서 나는 보통 내게 유익했던 서적이나 경건의 시간의 모형을 권하곤 했다. 몇 주 후, 그들은 다시 사무실로 나를 찾아 왔다. 그리고 그들은 여전히 이렇게 물었다, "내 영적 생활을 도와주시지 않겠어요?"

나도 혼동되었다. 나는 내가 제안할 수 있는 최선의 것을 그들에게 주시하면서 진지하게 대답했었다. 나는 실증(實證)된 방법과 자료를 주어 보냈는데, 왜 그들은 이루지 못하고 다시 찾아오는지 이해할 수 없었다. 점차적으로, 내가 가장 중요한 부분을 빠뜨리고 있다는 생각이 떠올랐다. 나는 그들의 독특성을 인정하지 못했던 것이다. 나는 그들에 대해 먼저 알아보지 않고서 자료를 건네주었던 것이다.

우리를 향한 하나님의 구상은 우선적으로 우리의 독특성을 고려하는 것이다. 사람이 구상보다 앞에 온다. 그리고 내가 모든 것을 그렇게 시작하자, 나는 구상에서 몇 가지 중요한 요소를 발견했다.

† 가장 중요한 요소는 사람, 곧 하나님의 형상을 따라 창조된 사람이다. 그 사실은 우리 각자에게 측량할 수 없는 가치를 부여한다. 이제 거기에다 우리 중 어느 두 사람도 그 형상을 똑같이

표현하지 않는다는 사실을 첨가해야 할 필요가 있다. 유전학, 환경, 심리학 등 모든 것이 결합되어 우리 각자와 같은 사람들을 생성(生成)한다. 그러므로, 하나님이 애를 써서 서로 다른 우리를 다르게 만드신다면, 우리의 영적인 생활에서도 우리는 차이점과 독특성을 예상해야 하리라.

당신의 손가락들을 보라. 얼른 보았을 때는 비슷해 보인다. 그러나 다시 자세히 보라. 그러면 당신 손가락의 지문(指紋)이 전혀 다르다는 것을 알게 될 것이다. 어느 것도 똑같지 않다. 그리고 보다 놀라운 것은 어떤 다른 사람의 지문도 당신의 지문과 같지 않다는 것이다! 당신은 독특하다. 당신의 지문은 당신 영혼의 독특성을 육체적으로 상기시켜 주는 것이다.

인성(人性)의 발달을 연구하는 사람들은 각자의 인성에 있는 아주 다른 요소들이 결합하고 작용하여 독특한 개인을 창출(創出)한다는 것을 알려준다.6) 그들이 발견한 것을 공부하면 할수록, 나는 그만큼 영적 생활에 관한 더 많은 통찰력을 얻는다. 그리고 바울이 *"너희* 안에 계신 그리스도시니, 곧 영광의 소망이니라"고 말한 것을 기억할 때, 나는 그가 편지를 받는 한 사람 한 사람을 위하여 서로 다른 "너희"라고 표현했다는 것을 알게 되었다. 그리스도의 중심을 인간의 독특성과 결합시킬 때 비로소, 우리는 아름다운 구상이 펼쳐지는 것을 볼 준비가 된 것이다.

---

6 영적 생활에서 인성의 의의를 보여주는데 특히 다음의 자료들은 도움이 되었다: David Keirsey & Marilyn Bates, *Please Understand Me*; W. Harold Grant, et al., *From Image to Likeness*; Benedict Groeschel, *Spiritual Passages*; Christopher Bryant, *The River Within*; Chester Michael & Marie Norrisey, *Prayer and Temperament*.

우리는 특정한 평가 도구를 사용해서 우리의 인성과 접촉하기 시작할 수 있다.7) 시험 결과에 따르면, 우리가 주로 사용하는 경향이 있는 인성의 요소들, 곧 우리가 기본적으로 선호(選好)하는 것이 있다. 우리가 기본 인성 유형을 인식하면, 그것을 사용해서 영적 성장을 촉진(促進)시킬 수 있는 방법을 알 수 있다. 예를 들면, 내향적인 사람은 외향적인 사람보다 침묵과 묵상을 보다 더 쉽게 실천할 수 있다. 생각하는 사람은 개념의 힘에 의하여 보다 더 감동될 것이고, 반면에 감성적인 사람은 정서에서 동기 유발을 찾을 것이다. 이것은 인성 이론을 관찰함으로 얻을 수 있는 수많은 통찰력 중 두 가지에 불과하다.

이 시점에서 확인 설명이 요구된다. 그 이유는 기독인들 간에는 영적 성장과 관련하여 그런 검사 도구의 사용을 주저하기 때문이다. 이 두려움은 그 결과가 하나님의 계시와 동등하지 않다는 것을 기억만 한다면 근거 없는 것이다. 심리학적 검사들은 성경의 예순일곱 번째 책이 아니다. 그것들은 우리 자신에 대한 통찰력을 얻을 수 있는 창문에 불과하다. 그것들을 최종적인 말씀으로 여기는 것은 그 유용성을 과장하는 것이다.

인성과의 접촉은 영성이 인성과 관계가 있다는 것을 일깨우는 방법이다. 그 말은 하나님이 우리 주변에서가 아니라, 우리를 통

---

7 당신 인성의 유형을 발견하는 가장 포괄적인 도구는 *Myers-Briggs Personality Type Inventory* (마이어스-브릭스 인성 유형 일람표)이다. 이 일람표는 그것을 운영할 수 있는 자격 소지자를 통하여 구할 수 있다. 대부분의 심리학자와 목회 상담자는 이 일람표를 잘 안다. 그것만큼 자세하지는 않으나 보다 쉽게 구할 수 있는 도구는 *Please Understand Me*의 5-13 쪽에 실린 *Keirsey Temperament Sorter*(케어시 기질 분류)이다.

하여 역사하기로 작정하셨다는 것을 확인해 준다. 이것은 하나님이 그런 것을 별로 좋아하지 않으신다고 믿는 사람들에게는 하나의 계시이다. 그리고 당신은 나머지 이야기를 안다—하나님이 그들을 있는 그대로 사랑하신다는 것을 믿지 않는 사람들은 보다 더 받아주시리라고 느끼는 인위적인 인성을 짜맞출 것이다.

나는 오늘까지도 내 신앙에 교훈을 주는 어떤 경험을 신앙 초기에 한 적이 있었다. 그 경험은 내가 텍사스 주의 세이모어 거리를 걷고 있을 때 일어났다. 우체국을 지나갈 때, 쌤 아저씨(Uncle Sam)가 여윈 손가락으로 나를 가리키며, "나는 너를 원한다"고 말하는 신병 모집 포스터를 보았다. 하나님은 그 포스터를 사용하여 나에게 말씀하셨다, "스티브, 바로 그거야. 나는 너를 원한다." 실은 그때 나는 내 기독교의 많은 부분을 피터 마샬(Peter Marshall)과 빌리 그래함(Billy Graham)을 모방하고 있었다. 그 포스터를 통하여 하나님은 이렇게 말씀하시는 것 같았다, "나에게는 이미 피터 마샬과 빌리 그래함이 있다. 내가 찾고 있는 것은 스티브 하퍼다. 나는 너를 원한다."

이 말은 우리가 다른 사람에게서 배우지 말아야 한다거나, 아니면 우리의 부요(富饒)를 위하여 그들의 삶에서 아무 것도 사용해서는 안 된다는 것을 의미하지 않는다. 그러나 이 말이 의미하는 것은 우리의 독특성을 팔면서까지 다른 이들의 모형을 찾지 말라는 것이다. 그 대신, 우리의 인성 그 자체가 하나님의 아름다운 선물이라는 것을 인식하고 찬양하면서, 우리는 그 인성을 영성에 충분히 혼합시켜야 할 것이다.

† 구상의 둘째 요소는 성령의 은사에 있다. 여기에서도 역시

다행스럽게 우리의 은사를 발견해서 사용하는데 도움이 되는 자료들이 있다는 것이다.8) 우리의 인성이 창조된 독특성에 대하여 우리에게 알려준다면, 우리가 받은 성령의 은사는 재창조의 독특성에 대하여 우리에게 알려준다. 인성이 태어나면서의 "나"라면, 은사는 초자연적인 "나"이다.

우리 각자는 어떤 은사를 받았다는 것을 알지만, 우리가 모든 은사를 받은 것은 아니다. 특정한 은사는 우리의 독특성을 상기시키나, 동시에 의존(依存)의 느낌을 일으킨다. 특정한 은사는 우리의 믿음을 공동체에서, 곧 교회에서 유지해야 되는 필요를 일깨워준다. 영적 은사의 구상은 개인화된 그리고 고립된 영성으로 빠지지 않게 하는 좋은 보호막이다. 왜냐하면 우리의 은사를 고려한다는 것은 다른 기독인과의 관계를 고려하는 것이기 때문이다.

성령의 은사는 하나님 나라의 유익을 위하여 우리가 어떻게 하면 잘 기능할 수 있는지에 대한 실마리를 우리에게 제공한다. 이러한 점에서, 나는 영적 은사의 목록이 모든 은사를 망라한 것이냐 아니면 대표적인 것이냐는 질문을 종종 받는다.9) 개인적으로 나는 그 목록이 모든 은사라고 생각한다. 나는 이 생각을 고린도전서 12장 4-6절에 나오는 바울의 설명에 기초한다. "은사는 여

---

8 영적 은사에 근거한 도움이 되는 목록은 다음의 저서에서 찾을 수 있다: Kenneth Kinghorn, *Discovering Your Spiritual Gifts*; *The Gifts of the Spirit*; Peter Wagner, *Spiritual Gifts Can Help Your Church Grow*.

9 성령의 은사는 로마서 12:6-8, 고린도전서 12:28-31, 에베소서 4:11에서 찾을 수 있다. 은사의 정확한 수가 얼마나 되느냐에 대한 해석이 구구하다. 수보다는 이 장에서 논의 되는대로 은사의 확대 원리가 더 중요하다.

러 가지나 성령은 같고 직임은 여러 가지나 주는 같으며 또 역사
는 여러 가지나 모든 것을 모든 사람 가운데서 역사하시는 하나님
은 같으니라."

열쇠는 *은사, 직임* 그리고 *역사*(결과)라는 단어에 있다. 이러
한 관점에서 보면, 은사들은 처음 얼른 보이는 것보다 훨씬 더 널
리 스며들어 있다. 예를 들면, 당신의 은사가 가르치는 것이면, 다
른 직임을 통해 사용될 수 있다: 주일학교에서 가르치고, 강단에
서 가르치고, 단기 과정을 가르치는 등. 그뿐 아니라, 가르치는 은
사는 다양한 결과를 가져올 수 있다: 명령, 회심, 교화(教化), 위
로, 강화(强化) 등. 모든 은사를 이렇게 확대하면, 당신은 얼마나
많이 표현될 수 있다는 것을 쉽게 볼 수 있으리라.

나는 도움의 은사를 지닌 여자 한 분을 안다. 그 한 은사가 수많
은 통로를 통하여 표현된다: 교회의 보다 넓은 사역을 후원하고,
어떤 프로젝트에 필요한 것을 채우며, 위기와 필요의 기간 동안
사람들을 뒷받침하는 등. 그녀의 영성은 이러한 선상(線上)에서
흐른다. 그녀의 초자연적 은사가 인성과 결부되어 역사하면 그녀
에게서만 찾을 수 있는 그리고 교회에 효율적(效率的)인 사역을
낳는다. 그것은 우리 모두에게도 마찬가지일 수 있다.

성령의 은사를 발견해서 사용할 때, 우리는 하나님의 보다 큰
계획에서 우리의 영역을 발견한다. 우리가 은사들을 사용할 때,
우리는 큰 기쁨과 성취를 경험한다. 왜냐하면 성령이 우리를 통하
여 그분의 눈에 크게 기뻐하시는 것을 이루시기 때문이다. 성령의
은사와 인성의 기질을 연결하면 우리도 시편 기자가 한 말의 진리
를 보게 된다, "내가 주께 감사하옴은 나를 지으심이 신묘막측하

심이라"(시편 139:4).

  † 구상의 셋째 측면은 성령의 열매이다(갈라디아서 5:22-23). 성령의 은사가 우리의 행함—행동—을 묘사한다면, 열매는 우리의 됨됨이—성격—를 묘사한다. 은사는 우리의 행함에 관계가 있는 반면, 열매는 우리의 됨됨이와 관계가 있다. 영성은 영적 열매의 배양(培養)을 강조하는데, 왜냐하면 그렇게 함으로써 우리의 삶에 그리스도의 인격성을 증가시키기 때문이다. 그분은 열매의 완벽한 계시이며, 성령을 통하여 같은 인격이 우리 안에서 그리고 우리를 통해서 나타난다.

  성령의 열매가 단수라는 것을 기억해 두자. 아홉 가지 열매가 있는 것이 아니다. 오히려, 열매는 하나인데, 그 열매가 아홉 가지 국면을 포함한다. 이 말은 우리가 어떤 열매는 선택하고 다른 열매는 제외시킬 수 있다는 것을 의미하지 않는다. 예를 들면, 우리는 이렇게 말할 수 없다, "글쎄, 나는 희락을 좀 원하나, 자비와 관련된 것은 원치 않는다." 그렇다, 열매는 함께 오며, 그 모두를 우리의 삶에서 의식적으로 개발해야 한다. 우리가 성숙의 모든 면에서 동등하게 성장하지 못하는 것과 마찬가지로, 성령의 열매도 동등하게 성장하지 못한다. 그러나 어떤 열매도 시들게 해서는 안 될 것이다.

  바로 성령의 열매에서 우리는 우리의 성숙도를 평가한다. 고린도의 기독인들은 모든 은사를 가졌으나, 열매에서는 심각하게 부족했다. 그런 이유 때문에 바울은 은사를 논하면서 사랑의 장을 바로 그 가운데 삽입시켰던 것이다. 마찬가지로 영성은 성령의 열매를 기독인의 성장 한 가운데에 둔다. 참된 영성은 인격에 근거하며, 그리스도의 생명만이 만족시킬 수 있는 그런 인격이다. 더 나아가, 성령의 열매는 행동 가운데 있는 인격이다. 열매의 모든 요소는 매일의 삶에서 구현(具顯)될 수 있고 또 되어야 한다. 사랑, 희락, 화평, 오래 참음, 자비, 양성, 충성, 온유, 절제가 삶에서 표현되지 않는다면 아무런 의미도 없다. 성령의 열매는 참된 영성의 초점이 되는데, 그 이유는 이 안에서 우리의 태도와 행동이 결합되기 때문이다.

여기에 경건에 관한 고전이 우리의 성장에 크게 도움이 될 수 있다. 저자들은 성령의 열매에 초점을 맞춘 용어를 가지고 있었다. 그들은 이것을 "덕을 실천하라"고 불렀다. 덕은 매일의 삶에서 표현되는 성경적인 열매였다. 경건에 관한 모든 책자들은 사람들로 하여금 열매를 실천하도록 돕기 위하여 개발되었다. 우리 믿음의 선조들은 성령의 열매에 대하여 심각하게 연구하고 적용하지 않으면 영성을 말할 수 없다는 것을 우리보다 더 잘 알고 있었다.

† 구상에서 넷째 요소는 영적 삶의 훈련이다. 기독인들로 하여금 훈련에 접촉하여 실천하도록 돕기 위한 실용적인 자료와 활동이 있다.10) 존 웨슬리는 이런 훈련을 "은혜의 수단"이라고 불렀다. 웨슬리에 의하면, 그것은 훈련이란 하나님이 그분의 백성들에게 그리고 그들을 통해서 은혜를 전달하는 통로를 의미한다.

나는 리차드 포스터의 훈련 분류를 좋아한다. 그는 내적 훈련,

---

10 나는 특히 다음의 저서들을 추천한다: Richard Foster, *Celebration of Discipline*; James Earl Massey, *Spiritual Disciplines*; Albert Day, *Discipline and Discovery*; James Fenhagen, *More Than Wanderers.*

외적 훈련 그리고 합동 훈련이 있다고 말한다.11) 그는 기독인들이 이 방법들을 삶의 현장에 따라서 다르게 사용하리라는 것을 인정한다. 영적인 훈련의 기능은 우리로 하여금 꼭 해야될 것을 하게 하는 것이다.

영성의 이 측면은 너무나 중요하기 때문에 나는 6장에서 훈련을 보다 자세히 생각하고 싶다. 현재로서는 영성에서 훈련을 전반적인 구상에 없어서는 안되는 것으로 보면 충분하다. 훈련은 하나님이 우리로 하여금 영성을 실천하도록 우리에게 주신 도구이다. 훈련을 이처럼 보게 되면, 결코 훈련을 이기적으로 간주하거나 실행하지 않을 것이다.

당신이 연극을 보러 가면, 보통 중간 쯤 막간의 시간이 있다. 그 시간을 이용하여 당신은 잠시 쉬며, 다리도 뻗어 보며, 당신이 지금까지 보고 들은 것을 생각하게 된다. 나는 지금이 우리의 영성의 연극에서 막간의 시간을 갖기 좋은 시점이라고 생각한다. 우리는 이미 정의, 욕구, 분별, 그리고 구상을 살펴보았다. 다음 장에서 우리는 연극을 계속하면서 지금까지 본 것을 어떻게 우리의 삶에 적용할 수 있는 지를 알아보자.

---

11 Richard Foster, *Celebration of Discipline* (San Francisco: Harper & Row, 1978).

배역의 일원이 되자

나를 따라 오너라. 내가 너희로 사람을 낚는 어부가 되게 하리라.
마가복음 1:17

침묵을 훈련하라

예수님을 당신의 연극에 거룩한 연출가로 생각하라. 당신이 무대에 서서 그 연출가의 지도에 경청하고 있다고 생각해 보라.

명상을 훈련하라

당신 안에서 그리고 당신을 통해서 예수님이 이루시는 것을 보고 감격할 수 있는 한 두 가지의 꿈이나 욕구는 무엇이겠는가?

당신의 영성에서 장점이라고 믿는 두 서너 가지의 인성 특징은 무엇인가?

결단을 훈련하라

예수님으로 하여금 당신의 삶 속으로 완전히 접근하시게 하라. 그분이 당신을 사랑으로 개발시키실 것을 인정하면서 말이다.

기도를 훈련하라

당신의 꿈과 인성의 특징을 가지고 다음의 기도를 한 번에 하나씩 하라: "주님, 나는 나의 __________를 하나님이 기뻐하시는 거룩한 산 제사로 드립니다."

읽기를 훈련하라

시편 23편 1-3절과 베드로후서 3장 18절을 읽어라.

3

연극 장면 - Ⅱ

편안히 앉아서 긴장을 풀라. 막간이 끝나고, 연극의 제이막을 위하여 막이 오른다. 제일막에서 우리는 영적 생활의 기본 요소들을 살펴 보았다. 이제 연극은 결론을 향하여 진행되는데, 앞으로 나올 장면은 우리를 도와서 하나님과의 교제를 풍성하게 해 줄 것이다.

훈 련

영적 생활에서 개인적 의도는 그 의도를 실현시키는 훈련(discipline)이 부족하다면 거의 의미가 없을 것이다. 훈련을 통해서 우리는 우리의 특성이 조화를 이루며 촛점을 맞추게 된다. 훈련이야말로 영성의 기본 요소들을 실제의 삶으로 전달시키며 유지시키는 활력소이다.

사람들이 오늘날 관심을 갖지 않는 것이 있다면, 그것은 훈련이다. 우리는 "풀어져 있는"(hang loose) 세대이다. 우리는 빠른 자동차와 빠른 음식(fast food)을 가지고 있으며, 똑같이 빠른 영성을 원한다. 우리는 당장에 번창하기를 원하지, 오랜 기간의 수고를 원하지 않는다. 훈련이란 말은 수많은 부정적인 이미지를 담고 있다. 우리는 잘 패기 위하여 장작간으로 우리를 내모는 하나님을 생각한다. 훈련은 어려운 일처럼 들리며, 따라서 우리는 빠른 뇌물과 지름길을 많이 선호(選好)한다.

많은 사람들은 리차드 포스터가 훈련을 "자유로 들어가는 입구"라고 한 말을 이해하는 것초차도 어려워한다.12) 그러나 정확하게 말해서 그것이 바로 훈련이며; 만일 우리가 영적 생활에서 성숙하려면, 훈련을 이런 식으로 보아야 한다. 그렇지 않다면, 우리는 훈련을 부정적으로만 보게 되어, 인생을 올가매는 견지(見地)로 간주할 것이다.

예화를 통하여 어떻게 훈련이 우리를 자유롭게 하는 가를 알 수 있을 것이다. 어떤 때는 나도 피아노에 앉아서 곡을 치고 싶은 때가 있다. 내가 다섯 살 때 레슨을 받았는데, 그 어린 나이에 비하면 굉장히 잘 쳤다. 그러나 나는 지속적으로 훈련하지 못했으며, 부모님도 고집하지 않으셨다. 그래서 나는 중단해 버렸다. 지금은 한 번도 레슨을 받은 적이 없는 것과 똑같이 되어 버렸다. 나는 자유롭게 피아노를 칠 수 없다.

훈련된 사람만이 꼭 해야될 것을 필요한 때 할 수 있다. 다른 사람들은 바람을 가지고 있을른지는 몰라도, 기회가 올 때 아무런 가치 없는 자신을 발견할 것이다. 훈련은 우리를 원하는 곳으로 인도한다. 두 말할 필요도 없이, 훈련은 자동적이거나 고통 없는

---

12 Richard Foster, *Celebration of Discipline*, pp. 1-9.

것이 아니다. 그러나 훈련은 보다 깊은 그리고 원하는 목적으로 안내하는 수단이다.

훈련은 행위라기 보다는 태도이다. 우리는 연극 무대 제일막에서 훈련의 용도를 살펴 보았다. 그러나 훈련(discipline), 곧 태도는 훈련들(disciplines) 곧 행위들보다 더 깊다. 훈련들은 오직 훈련의 사람이 되고자 하는 내적 헌신에서 흘러나오기 때문에 우리에게 의미 있고 또 유용하다.

몇 년 전, 나는 연합감리교회 연회 산하의 기도 학교를 인도해 달라는 초청을 받은 적이 있었다. 그 연례 행사에서 나는 다섯 번째 강사였으며, 내가 받은 초청은 구체적이었다: "올해는 기도 학교 5주년 행사입니다. 지금까지 4년에 걸쳐 우리는 영적 훈련들에 대해 배웠습니다. 그러나, 참석자들은 훈련을 아는 것만으로는 충분치 않다는 보고를 하고 있습니다. 그들은 아는 것을 실천할 수 있는 동기를 부여받기 원합니다. 당신이 훈련이라는 주제에 관하여 말씀하여 주기를 원합니다."

나는 이러한 주제의 세미나에서 깊이 들어가지 않았는데도 이런 질문을 하는 사람을 흔히 만난다, "훈련을 발동시키는 것은 가능할까요?" 어떤 때는 이렇게 질문하기도 한다, "훈련의 태도를 어떻게 만들어 갈까요?" 두 질문은 결국 똑같은 것이다. 이에 대한 대답으로 나는 훈련된 사람이 되기 위하여 지금까지--그리고 지금도--내가 어떻게 했으며 또 하고 있는 가에 대하여 언급하지 않을 수 없었다.

나에게 훈련은 종종 욕구라는 본질로 돌아가서 얼마동안 참으로 그 욕구를 가지고 사는 것이다. 내 행적(行績)의 기록을 보면 나와 욕구 사이에 너무 많은 간격을 둘 때, 나는 훈련의 감각을 잃는다. 내가 욕구보다는 습관적으로 기독교 생활을 영위하기 시작하면, 얼마 지나지 않아서 훈련이 일그러지기 시작한다. 그래서 나는 의도적으로 욕구에 초첨을 맞추는 기간을 정기적으로 가지려 한다. 나는 기독교를 "활력있게" 만드는 것으로 돌아간다. 그리고 나는 저 욕구의 샘물에서 마신다.

나의 좋은 친구 켄 킹혼(Ken Kinghorn)은 우리 모두가 처음 믿었던 그 시간으로 자주 돌아가서 명상(冥想)해야 한다고 말한다. 당신은 그렇게 할 수 있는가? 당신은 하나님이 말씀 이상으로 당신에게 다가오셨던 그곳으로 돌아갈 수 있는가? 당신이 다른 모든 대안(代案)들보다 예수님을 인생의 주님으로 의식적으로 선택한 경험으로 돌아갈 수 있는가? 그런 곳으로 돌아가면 욕구의 불꽃을 다시 점화(點火)시킬 수 있다. 그렇게 할 때, 얼마 지나지 않아서 나의 의지는 나로 하여금 훈련의 방향으로 다시 나아가게 하는 새로운 결단을 이룬다.

그러나 그것만으로 끝나서는 안 된다. 나는 훈련을 떠나지 않으므로 나의 생활에서 훈련의 감각을 자주 유지해야만 한다. 괘종이 울리면, 비록 무슨 일이 있어도 나는 일어난다. 기도의 시간이 되면 나는 기도한다. 읽어야 할 책이 있으면 나는 읽는다. 봉사할 것이 있으면 나는 봉사한다. 다른 말로 말하면, 기회와 실행 사이에 너무 많은 시간을 많이 두지 말아야 한다는 것이다. 훈련은 그 두 가지 사이에 있는 간격에서 죽을 수 있다. 때때로 나는 중단이라는 사치를 허락하지 않기에 계속한다.

때로는, 내 삶을 단순하게 함으로 훈련을 회복시키는데, 특히 내가 너무 열심히 노력하고 있을 때 그렇다. 훈련이 친구라기 보다는 오히려 폭군처럼 여겨질 때, 나는 의도적으로 중단하고 속도를 늦춘다. 나는 강도(強度)를 낮춘다. 나의 삶의 강도를 낮추지 않으면 머지 않아서 피로와 고갈이 따를 것을 나는 안다.

훈련은 습득하기는 어렵고 잃기는 쉽다. 내가 훈련에 매어달리는 방식은 당신에게는 맞지 않을 수 있다. 내가 나누고자 하는 요지(要旨)는 나도 당신처럼 훈련을 유지하기 위하여 씨름하고 있다는 것이다. 그러나 나는 영성이라는 연극에서 훈련이 필수적인 무대라는 것을 알게 되었다.13)

지도

훈련은 우리를 연극의 다음 장면, 곧 지도(direction)로 인도한다. 나는 지도(指導)를 별개의 장면으로 다루기를 원하지만, 많은 사람들에게 그것은 훈련을 유지하는 구체적이면서도 의미심장한 방법이 될 것이다. 지도란 책임과 성장을 위하여 다른 개인에게 연관시키는 과정을 의미한다. 영적 지도는 수 세기 동안 교회에서 실행되어 왔으나, 많은 복음적 개신교인들에게는 새로운 개념이다.14)

---

13 성자들의 생애를 읽으면서 나는 그들의 영적 생활에서 훈련을 하지 않은 사람은 하나도 발견하지 못했다. 그러나 그들이 자신들을 훈련시키는 방법은 놀랄 정도로 다양했다. 나의 결론은 이것이다: 훈련은 필수적이나, 훈련의 구체적인 방법과 내용은 각 개인에게 달렸다.

14 Kenneth Leech, *Soul Friend* (San Francisco: Harper & Row, 1977).

영적 지도를 받기 위하여 당신은 다른 사람을 당신의 지도자로 선택해야 한다. 이 사람은 믿음에서 성숙하고, 당신이 신뢰하고 편안하게 느낄 수 있으며, 당신을 그리스도의 모습으로 성장할 수 있도록 도울 수 있는 사람이다. 그 사람은 당신이 신뢰하는 목사나 아니면 믿을 수 있는 친구일 수 있다. 중요한 것은 그 지도자가 믿음에서 초신자가 아니어야 된다는 사실이다.

영적 지도의 과정에서 어떤 일이 일어날 수 있느냐는 주로 당신에게 달려있다. 왜냐하면 당신의 성장을 위하여 관계의 일정을 만들기 때문이다. 지도자와 만나는 목적은 치료가 아니다. 다른 말로 하면, 그 목적은 상담의 관계가 아니라, 당신이 최대한으로 성장할 수 있다고 느끼는 바로 그 영역에서 성숙할 수 있는 방법과 수단을 찾는 근거이다.

천 마디 말보다 하나의 그림이 낫기에, 나는 당신에게 내가 영적으로 지도한 실례를 나누겠다. 어떤 학생과 나는 그의 영적 지도를 위하여 한 달에 한 번씩 만나기로 언약을 맺었다. 나는 그에게 첫 모임에 성장의 관심 거리 서너 가지--그가 느끼는 특별한 필요나 성장을 위한 잠재력의 영역--의 목록을 가져 오라고 하였다. 첫 모임에서, 우리는 그가 열거한 몇 가지 목록 중 중보기도가 중요한 영역이라는 데에 동의했다. 그 후 몇 번의 모임에서 우리는 중보기도에 대하여 대화를 나누었고, 그에 대한 우리의 경험을 나누었고, 다른 사람들의 실천에 대해 읽었다. 그 결과 그는 그의 성격, 시간표, 영적 생활의 깊이에 대한 그의 욕구 등에 적합한 중보기도의 모형을 발견하였다. 그리고 일단 그가 이 영역에서 개선을 느꼈을 때, 우리는 다른 영역으로 옮겨 갔다.

영적 지도의 구체적 과정은 다양할 수 있다.15) 지도의 목적은 당신이 나눌 수 있고 또 귀중한 통찰력을 얻을 수 있는 어떤 사람을 얻는 것이고, 그 결과 그 사람이 당신에게 믿음의 구체적인 영역을 발전시킬 수 있도록 도움을 주는 것이다. 제자들도 둘씩 둘씩 나갔다. 디모데에게는 바울이 있었다. 몇 세기 후 어거스틴(Augustine)에게는 암브로스(Ambrose)가, 존 웨슬리에게는 어머니 수잔나(Susasnnah)가 있었다. 우리는 다른 기독인과의 교제 안에서 영적으로 잘 성장한다. 영적 지도는 우리가 성장해가는 한 과정이다.

영적 지도의 초점은 모임의 빈도나 길이에 있지 않다. 만일 당신이 일주일 단위의 소그룹 교제에 익숙해 있다면, 영적 지도자와 한 달에 한 번 또는 석달에 한 번 만나는 것은 충분해 보이지 않을 수도 있다. 이 시점에서 당신이 기억해야 할 것은 영적 지도의 목적은 일주일에 한 번 모이는 교제 그룹과는 다르다는 것이다. 영적 지도에서, 목표는 당신의 발전 성향(性向)을 평가해 주는 것인데, 그것은 시간이 걸린다. 만일 당신이 영성의 어떤 구체적인 영역에서 한 달 또는 그 이상 머물러 있다면, 당신은 그것이 어떻게 형성되어 가는 지를 볼 수 있을 것이다. 당신의 영적 지도자와 함께 하는 모임은 당신의 인생에서 잘 형성되고 있는 영역을 집중적으로 다룰 수 있을 것이다.

---

15 Leech의 저서 이외에, 다음의 저서들도 어떻게 영적 지도가 실제로 시행되는 지에 대하여 도움이 될 것이다: Tilden Edwards, *Spiritual Friend;* Francis Vanderwall, *Spiritual Direction;* Barry Woodbridge, *A Guidebook for Spiritual Friends;* 및 Kevin Culligan, *Spiritual Direction.*

이러한 이유 때문에, 영적 지도를 받고 있는 사람들은 흔히 일기를 기록한다. 매일 또는 자주 명상(冥想)함으로써, 사람들은 보다 큰 영적 추세를 보고 또 평가할 수 있다. 일기는 지도를 위한 모임과 모임 사이에 일어나는 통찰력을 포착하기 위한 곳이다. 일기는 명상과 토론을 일으키는 영적 데이터 베이스(data base)이다.16) 기간이 오랠수록 그 일기는 당신의 영적 성숙을 기록한 귀중한 자료가 될 것이다.

이 영적 지도의 과정에서 경계해야 될 주요 사항은 당신의 독특성을 상실하지 않는 것이다. 기억하라. 영적 지도의 목표는 그리스도의 모습으로 성장하는 것이다. 당신이 당신의 지도자가 좋아하는 형태로 들어가야 된다는 압박을 느끼면, 십중팔구 그 관계를 끝내야 될 때가 된 것이리라. 영적 지도에서 주된 위험은 지도자가 안내자라기 보다는 오히려 독재자처럼 되는 것이다. 지도자는 사람들이 자신과 같이 되는 것이 아니라, 그리스도처럼 되는 것을 원해야 한다. 훌륭한 지도자는 피지도자들이 그들의 여로(旅路)를 따르게 하려는 유혹을 저항할 것이다. 마찬 가지로, 지도를 구하는 사람들도 지도의 과정이라는 역학(力學) 관계에서 그들의 독특성을 빼앗기지 않으려고 경계해야 한다.

올바르게 실천될 때, 영적 지도는 우리의 영적 발전에 매우 흥미롭고 의미심장한 영역이 된다. 우리는 지도자와 만날 시간을 간절히 기다리게 되는데, 그 까닭은 그러한 시간이 우리의 성숙을 위하여 새롭고도 필요한 통찰력을 제공할 것을 알기 때문이다. 그

---

16 일기 기록에 관하여 내가 좋아하는 저서는 Morton Kelsy의 *Adventure Inward*이다. 그리고 George Simmons의 *Keeping Your Journal*도 도움이 될 것이다.

때야말로 우리의 삶과 염려를 관심과 토론을 위한 협의 사항으로 만들 수 있는 것이다. 그 때야말로 우리가 신뢰하는 친구와 더불어 개인적으로 그리고 친밀하게 말할 수 있으며, 미래를 위하여 방향을 잡을 수 있으며, 지금까지 추구하는 영역에 대하여 책임을 질 수 있다. 영적 지도가 영혼을 위한 것이라면, 마지막 세심한 붓질은 유화(油畵)를 위한 것이다. 그것은 궁극적 미(美)를 자아내는 유화의 개인화(個人化)이다.

발전

지도는 우리를 다음의 연극 무대, 곧 발전(development)으로 인도한다. 발전이란 우리로 하여금 현재의 상태에 소극적으로 만족할 수 없게 하는 영성의 또 다른 면을 의미한다. 존 오스왈트(John Oswalt) 박사는 우리가 영적 죽음에서 영적 생명의 경계선을 넘고나면 엄청난 유혹--경계선 너머로 다시 돌아가지 않으면서도 그 선에 얼마나 가까이 다가갈 수 있는 가를 알고 싶은 유혹--에 직면한다고 말한다. 우리는 죄와 유희(遊戱)하며 천박(淺薄)한 삶을 영위한다. 이것은 비극이다. 왜냐하면 경계선을 넘은 목적은 나머지 인생에서 우리가 그 선으로부터 얼마나 멀리 떠나갈 수 있는 가를 보는 것이기 때문이다. 진정한 영성이란 우리의 삶에서 사실이 된 것을 발전시키는 평생의 과정이다.

그러나 우리는 닥치는대로 발전해야 하는가? 결코 그렇지 않다! 우리로 하여금 적극적인 방향으로 성장하게 하는 원리와 자료는 얼마든지 있다. 당신이 이 책을 한 장 한 장 읽어가면서 발전이 가능한 영역을 발견할 것이며 동시에 발전을 성취할 수 있는 많은 제안들이 제시될 것이다. 이 시점에서, 훈련을 위한 우리의 헌신을 충실하게 실행할 수 있도록 특별한 도움을 주는 것들 몇을 첨가하고자 한다.

† 첫째, 발전은 가장 큰 잠재력이 있는 분야에서 일어나야 한다. 성장은 우리의 영적 생활의 모든 영역에서 똑같이 일어나지 않는다는 것을 이미 살펴보았다. 예를 들면, 만일 우리가 성경의 사용에서 괄목할만한 발전을 이룬다면, 그것이야말로 특별히 발전시킬 영역일 수 있다. 이것은 "철이 달구어졌을 때 치라"는 원리를 영적으로 적용시키는 것이다.

† 발전은 가장 큰 필요의 영역에서 발생될 수 있다. 때때로 우리 영성의 어떤 영역은 제대로 발전되지 못하고 있다는 사실을 성령은 우리에게 깨우쳐 주신다. 그런 깨우침은 불편하긴 하지만, 우리를 부요(富饒)하게 만들려는 의도 때문에 주어진다. 만일 우리가 호응하여 우리 영혼의 "약한 근육"을 발전시킨다면, 우리는 의미있게 성장하고 있다고 할 수 있다.

예를 들면, 내가 다루어야 했던 "약한 근육" 중 하나는 기독교 영성에 관한 고전을 별로 알지 못하는 지식의 부족이다. 우리들 대부분은 영적 생활을 다룬 역사적 작가와 작품 다섯의 이름을 제대로 말하지 못하는 실정이다. 이것은 우리가 우리의 영성에 있어서 얼마나 기초가 없느냐에 대한 증거이다. 몇 년 전 성령은 바로 이 점에서 나를 깨우치셨다. 그 이후, 나는 경건 고전들을 영적 양식으로 삼아 왔다.17)

---

17 다행히도 우리에게는 영적 고전을 위한 우수한 시리즈가 있다. 특히 주목할만한 것은 *The Classics of Western Spirituality*와 *The Classics of American Spirituality*인데, 이 두 저서는 공

† 영적 발전은 우리가 인생의 한 단계에서 다음 단계로 이동할 때 가능할 수 있다. 우리가 연차적이고 발전적 변화에 주의를 기울일 때, 우리는 심오한 영적 성장을 경험할 수 있다. 나는 이것을 특히 결혼 관계에서 보게 되었다. 지니와 자녀들과 약 이십 년을 함께 지내는 동안, 나의 영성을 내가 남편과 아버지라는 사실에 연관시킬 수 밖에 없었던 적이 여러 번 있었다. 두 가지의 역할은 세월이 흐르는 동안 발전과 변화를 거듭했고, 동시에 나의 영적 생활도 역시 변화를 경험했다. 성경과 기타의 경건 자료를 통하여, 나는 건전한 영성의 자료와 더불어 한 단계에서 다음 단계로 옮겨가려고 애를 썼다.

이러한 종류의 발전은 변덕스럽거나 고르지 못한 것이 아니다. 오히려, 그런 발전은 자연스러운 느낌을 지닌다. 우리는 어떤 것도 "밀어붙일" 이유가 없다. 왜냐하면 영적 발전이란 우리 안에서 그리고 주변에서 진행되는 것에 대한 반응이기 때문이다. 우리는 천천히 그러나 꾸준하게 몸을 단련하는 운동 선수로부터 교훈을 받을 수 있다. 그들은 오늘이나 또는 내일 모든 것을 성취할 필요가 없다. 그들은 사려 깊은 결단을 가지고 목표를 향해 전진할 수 있는 시간을 가지고 있으며, 그들은 신실하게 단련하지, 열병이나

히 Paulist Press에서 출판하였다. Multnomah Press는 *The Classics of Faith and Devotion*을 출판하였다. The Upper Room 은 *The Upper Room Devotional Classics*라는 제목을 붙인 고전에 관한 책자 시리즈를 출판하였다. 그리고 마지막으로, 이세기에서부터 현재에 이르기까지의 글들을 수록한 출중한 고전 선집 두 권이 있다: Thomas Kepler의 *An Anthology of Devotional Literature*와 Tilden Edwards의 *The Living Testament: The Essential Writings after the New Testament.*

든 것처럼 하지 않는다. 그들은 허둥지둥하며, 뛰었다가 뒤로 젖히면서 단련하는 것보나 지속적으로 꾸준하게 단련할 때 궁극적으로 더 많은 것을 성취한다.

전개

발전이라는 무대와 연관된 것인데, 그것이 바로 전개(deployment)이다. 영적 생활을 실제의 세상에 적용하지 않는 것보다 더 빨리 영적 생명에서 생명을 질식시키는 것은 없다. 월터 트로비쉬(Walter Trobisch)는 이러한 결핍을 "영적으로 과식한" 것이라고 부른다.18)

하나님은 우리 안에 거하면서 우리를 통하여 사신다. 그리스도는 우리로 세상에 가서 삶의 질을 개선하라고 우리를 부르신다. 만일 우리의 영성이 민영화(民營化)된 "나와 예수"의 경험으로 전락(轉落)되지 않으려면 전개는 치명적으로 필요하다. 진정한 믿음이란 언제나 생활화되어야 한다는 것을 기억하면 영적 근시안에 빠지지 않을 수 있다.

영적 전개는 우리의 영성을 구직(求職)과 연결시키기도 한다. 옛날 서부의 많은 교회는 정문에 이런 표지를 달아 놓았다, "당신은 들어올 때 총을 점검하라." 오늘의 많은 교회 정문에는 이런 묵시적인 메시지가 있다, "당신은 들어올 때 직업을 점검하라." 너무나 자주 우리는 사람들에게 한 두 시간 동안 그들의 전문 기술을 망각하라고 요구한다. 우리는 그들에게 강제로 믿음을 생활

---

18 Walter Trobisch, *Spiritual Dryness* (Downers Grove, IL: InterVarsity Press, 1970), p. 9-10.

과 직장에 적용시키지 못할 방향으로 생각하도록 만든다. 이것은 진정한 영성이 아니다.

교회는 어느 곳에 있든 필사적으로 적용의 질문을 해야한다. 많은 주일학교는 바울의 전도 여행에 대해 공부하는 것 보다 학생들에게 어떻게 믿음을 적용하는 가를 알려 주어야 한다. 우리가 사회에 영향을 끼치고자 하는 위대한 소망은 우리의 믿음을 직업에 연결시키면서 헌신된 기독인답게 세상으로 파고 들어갈 때 이루어 진다. 영적 생활은 당면한 매일의 문제들과 분리될 때 약해진다.

믿을만한 전개는 종(servanthood)으로 연결된다. 그러나 우리는 종이 되기를 원하지 않는데, 그 까닭은 그렇게 되면 하나님이 당장 우리를 물 속 깊은 곳으로 던져버리신다고 생각하기 때문이다. 성경은 우리의 믿음의 분량대로 하나님이 우리와 함께 역사하신다는 것을 가르친다. 복음서를 살펴보면 예수님은 어린 제자들을 천천히 그리고 온유하게 가르치셨다. 첫 단계에서 그분은 제자들에게 당신을 주시(注視)하라고 부탁하셨다. 다음 단계에서 그분은 제자들에게 몇 가지의 일거리를 주셨다. 오순절 이후에야 비로소 그들은 기독교 사역에 주된 임무를 담당했다. 만일 하나님이 첫 제자들을 그처럼 대하셨다면 우리에게도 똑같이 하시리라고 확신할 수 있다. 우리의 성숙도를 고려하시는 사랑의 하나님을 섬기는 것을 두려워할 필요가 없다.

한 발 더 나아가, 믿을만한 전개는 혼란 가운데 일어나는 훈련이 아니다. 당신은 세상의 많은 필요를 보면서 압도된 적이 있는가? 당신은 이렇게 말했을지도 모른다, "해결해야 될 필요가 이렇게 많은데 어디서부터 시작해야 될지 어떻게 알 수 있단 말인가?"
그것은 우리가 성령에 귀를 기울이지 않고 있다는 분명한 증거이
다. 사단의 속임수 중 하나는 세상의 필요에 의하여 우리가 너무
나 압도되어서 옴짝달싹 못하게 만드는 것이다.

토마스 켈리(Thomas Kelly)는 그의 저서, 『경건의 언약』(A
Testament of Devotion)에서 이렇게 기록하였다, "하나님은
당신이 보는 모든 십자가에서 죽기를 원치 않으신다."19) 성령이
하실 우선적인 역사는 세상이란 당신이 다루기에는 너무 크다는
사실을 확신시키는 것이다. 그분은 당신이 모든 중요한 일에 실질
적으로 참여할 수 없다는 것을 확신시키리라. 성령이 그렇게 하시
는 목적은 당신으로 하여금 의미있게 참여해서 실제로 변화를 일
으킬 수 있는 한 두 가지의 일에 초점을 두게 하기 위해서이다.

이러한 종류의 전개는 흔히 두 단계에서 동시에 발생할 것이다.
첫째, 당신은 가까이 있는 한 두 가지의 일—당신이 개인적으로
내포될 수 있는 일—을 선택한다. 그러나 둘째, 당신은 당신의 자
원에 따라 재정적으로 후원할 수 있는 한 두 가지의 일을 더 선택
할 것이다. 이것을 통하여 당신의 영향권은 넓어지며 그렇게 함으
로 당신이 미치지 못하는 문제에 하나님의 부르심에 따라 참여한
사람들을 후원할 수 있게 된다. 영적 전개는 참여와 후원이라는
몸에 맞는 경험이 되며, 그러한 참여와 후원은 의미심장하며 동시
에 일을 이루기 위하여 하나님이 사용하시는 것이 된다.

---

19 Thomas Kelly, *A Testament of Devotion* (San Francisco:
Harper & Row, 1941), p. 109.

기쁨

그리고 마지막 무대는 기쁨(delight)이 된다. 진정한 영성은 말로 표현하기 어려운 깊은 기쁨을 자아낸다. 그러나 나는 영성이 안락(安樂)을 만들어 준다고 말하지 않았다는 것을 주시하라. 위조(僞造)된 영성은 안락을 제시한다. 그러나 기쁨은 올바른 길에 있다는 느낌인데, 그 길은 어렵고 힘들 수 있다. 물론, 행복과 안락이 하루 일과 중 여러 번 경험될 수도 있을 것이다. 하나님은 새디스트(sadist)가 아니다. 그러나 그분은 산타 클로스도 아니다. 인생은 너무나 불확실해서 우리의 영적 생활이 항상 평탄하지 않으리라는 것을 우리는 안다. 기쁨은 바울이 이렇게 말한 삶의 질(質)이다, "어떠한 형편에든지 내가 자족하기를 배웠노라"(빌립보서 4:12).

나에게는 로버트 스탠드하트(Robert Standhardt)라는 친구가 있다. 로버트는 출산 사고 때문에 사중추마비(quad-riplegic) 환자이다. 평범한 관찰자에게 그는 손쉽게 "장애인"의 범주에 속한다. 물론 로버트는 다소의 제한이 있으나, 그는 장애자가 아니다! 왜냐고? 그는 영적 생활에서 기쁨을 찾았기 때문이다. 안일(安逸)이나 안락이 아니라, 기쁨을 찾았다. 연합 감리교회 목사로서, 그는 다른 사람들과 그 기쁨을 나누는데, 물론 그들도 부요(富饒)를 경험하게 하기 위해서이다. 우리가 함께 있을 때면, 그는 그 기쁨을 나와 나눈다.

로버트 스탠드하트는 진정한 기쁨이란 육체적 상황에 연결되거나 의존하지 않는다는 것을 내게 상기시켜 준다. 만일 내가 기쁨의 정의를 내린다면, 나는 그것을 내적 확신--모든 유효한 믿음 가운데서도 그리스도를 통하여 우리가 길을 찾았다는 것을 아는 확신--이라고 부를 것이다. 우리는 풍성하고도 영원한 삶으로 인도하는 길을 가고 있는 것이다. 그것이야말로 기쁨이며, 그리고 진정한 영성은 우리를 이러한 경험으로 안내한다.

이렇게 해서 연극의 막은 다시 내린다. 그 연극을 묘사하는데 두 장이 필요했다. 그럼에도 불구하고 우리는 연극을 겨우 묘사했을 뿐이다. 우리는 서두르지 않을 수 없다. 당신은 이렇게 생각할 수도 있다, "너무나 많아. 나는 결코 이 모든 것을 혼자서 할 수 없을 거야." 그런데, 당신 혼자서 모든 것을 할 필요가 없다는 기쁜 소식이 있다.

믿음에 발을 들여놓아라

또 산에 오르사 자기의 원하는 자들을 부르시니 나아온지라 이에 열 둘을 세우셨으니 이는 자기와 함께 있게 하시고 또 보내사 전도도 하며 귀신을 내어쫓는 권세도 있게 하려 하심이러라. 마가복음 3 : 13-15

침묵을 훈련하라

예수님은 당신의 믿음을 구체적으로 세상에 보여주라고 당신을 부르신다는 것을 생각하라. 그분은 당신이 그것을 혼자서 또는 자신의 힘으로 하라고 요구하시지 않는다는 것을 기억하라.

명상을 훈련하라

효과적인 행동은 훈련 뒤에 온다. 당신은 믿음을 보다 효과적으로 표현하기 위하여 당신의 삶을 훈련시켜야 된다는 필요를 얼마나 느끼는가?

당신은 영성을 도울 수 있는 안내자의 필요를 느끼는가? 어떤 종류의 사람이 당신에게 도움이 된다고 생각하는가?

결단을 훈련하라

"최고의" 기독인이 되기를 작정하라. 그리고 당신이 얼마나 멀리 갈 수 있는지 살펴보라.

기도를 훈련하라

하나님과 친밀하게 살 수 있는 기회를 허락하신 그분을 찬양하라.

읽기를 훈련하라

시편 84편과 요한복음 6장 53-69절을 읽어라.

4

결코 혼자는 아니다!

만일 당신이 부모라면 당신의 자녀들이 이렇게 말하는 것을 들었을 것이다, "나도 엄마가 같이 간다면 갈래요", "아빠가 먼저 가면 나도 갈께요" 당신의 자녀들은 당신이 그들과 함께 가리라는 것을 알 때*에만* 낯선 곳이나 어두운 방에 들어가려고 한다. 자녀들은 새롭고 익숙하지 않은 상황으로 혼자서는 들어가지 않아야 된다는 올바른 본능을 가지고 있다.

우리가 앞의 세 장에서 나눈 모든 잠재력은 흥미롭고도 힘이 있다. 그러나 당신이 그것들을 삶의 일부로 삼으려고 당장 뛰어들기를 주저한다고 해도 나는 놀라지 않을 것이다. 어린 아이들처럼, 우리의 감수성은 예민하다. 우리는 이러한 종류의 삶이 우리 자신의 힘으로 이루어질 수 없다는 것을 안다. 만일 우리가 그렇게 살려면 아버지 하나님의 도움이 반드시 필요하다.

역설적으로, 바로 이런 어린 아이 같은 감수성을 예수님은 제자들로부터 요구하셨던 것이다. 제자들이 혼자 할 수 있다는 생각으로 노력하는 동안 그들은 예수님이 마음에 품으셨던 그런 질적 제자도와 영적 생활에는 미칠 수 없었다. 그들은 자족감(自足感)을 벗어 버리고 수용적(受容的)인 겸손으로 채워져야 했다. 예수님의 십자가 처형을 둘러싸고 며칠 간은 그들로 하여금 그런 처지에 놓이게 하였다. 그 며칠 간에 일어난 사건들을 통하여 그들은 얼마나 연약하고, 또 그리스도의 제자로서 세상에서 살 준비가 얼마나 안 되었는지를 알게 되었다. 어린 아이들처럼, 그들은 그리스도가 부르신 인생과 사명 속으로 그분이 함께 가실 것을 알지 않으면 안 되었다.

그리고 그런 이유 때문에 그분은 이렇게 약속하셨다—"내가 세상 끝날까지 너희와 항상 함께 있으리라"(마태복음 28:20). 이 약속은 오순절날 성령이 능력으로 제자들에게 강림하실 때 구체적으로 성취되었다. 그러나 그리스도께서 하신 말씀에서도, 제자들은 그리스도의 육체적인 동행 없이 진행해야 된다는 것을 확신하게 되었다. 그들은 기독자의 모험이 가능하다는 것을 알았는데, 그 까닭은 그분이 그들과 함께 가시겠다는 사실을 알았기 때문이다. 그 때 이후로, 그들은 절대로 혼자가 아니었다.

우리들 한 사람 한 사람은 자족(自足)이라는 모든 생각을 벗어버려야 하나님과 동행하며 살아갈 수 있을 것이다. 우리는 이런 것을 깨닫는 위치에 이르러야 한다, "만군의 여호와께서 말씀하시되 '이는 힘으로 되지 아니하며 능으로 되지 아니하고 오직 나의 신으로 되느니라.'"(스가랴 4:6). 기독인의 삶을 영위할 수 있는 능력은 어떤 비인격적인 힘이 아니다. 그렇다, 그 능력은 인격적인 그리스도의 임재이다. 좋은 부모처럼 그분은 우리에게 그분 없이 혼자서 새롭거나 익숙하지 못한 영역 안으로 가라고 하지 않으신다.

이 장에서, 나는 우리를 결코 혼자 버려두시지 않는 하나님의 실재, 다시 말해서, 우리의 영성에서 발전하려면 꼭 터득해야 될 것들에 대하여 묘사하고자 한다. 그리고 성경에 있는 몇 가지의 강력한 개념들을 통해서 우리의 이해를 돕고자 한다.

앞서 가시는 하나님

성경에 나오는 최초의 그림은 하나님이 우리 앞서 가시는 것이다. 이 개념은 성경에서 너무나 널리 알려져서 성경 몇 구절로 그것을 파악하기란 실제로 불가능하다. 하나님이 아담과 하와를 인도하기 시작하셨을 때, 에덴 동산으로부터 이 최초의 가족을 축출(逐出)한 장면에서도 그 개념을 본다. 그 개념은 여러 족장들 "앞에서 가시는" 하나님에서도 계속되었다. 그리고 그 개념은 이스라엘 백성을 애굽에서 장엄(莊嚴)하게 이끌어 내어서, 낮에는 구름기둥 그리고 밤에는 불기둥으로 그들의 여정(旅程)을 인도하실 때 절정에 이르렀다. 사실상, 구약성경의 나머지 이야기들—메시야의 준비를 포함한 이야기들—은 하나님이 우리 앞에 가면서 길을 예비하시는 실례들이다.

신약이 시작되면서 하나님은 세례 요한을 사용하여 주님의 길을 예비하셨다. 제자들을 인도하신 분은 바로 예수님 자신이셨다. 그분은 자신을 길이라고 하시면서, 사람들에게 그를 따르라고 하셨다. 예수님의 부활 후, 다른 분이 아닌 바로 성령이 개인적으로는 사도들을 그리고 집합적으로는 교회를 새로운 사역과 지역으로 인도하셨다. 분명히 사도 바울은 사역을 하는 동안 줄곧 인도를 받고 있다는 명확한 느낌을 갖고 있었다. 그리고 성경의 마지막 책에서, 요한은 다시 사신 그리스도의 인도를 받아 말세(末世)를 대망(待望)하는 역사의 국면(局面)을 경험했다. 이 모든 사건들에서 우리는 앞서 가시는 하나님을 본다.

이것은 우리의 영성에서 터득해야 될 핵심적인 개념이다. 만일 우리의 나날과 경험이 우연적이며 부수적(附隨的)이라고 믿는다면, 우리의 삶에서 역사하시는 하나님을 신뢰하기란 쉽지 않을 것이다. 우리 인생의 특유한 조각들이 보다 큰 그림에 잘 맞아들어가고 있는 것을 보지 못하면, 우리는 손쉽게 성장과 발전의 모형을 놓칠 것이다. 우리는 하나님이 원하시는대로 새로운 방향을 찾기 보다는 과거의 안전에 집착할 것이다.

신학자들은 수 세기 동안 이러한 인도의 방법에 대하여 논쟁하였다. 실제적인 관점에서, 당신이 어떤 예정론이나 기타의 인도 방식을 믿느냐는 그리 중요하지 않다. 어떤 관점이든 요지(要旨)는 하나님이 주권자이며 통치자라는 사실이다. 그분은 인도하고 계신다. 당신과 나의 인생은 계획, 목적 및 질서를 지니고 있다. 하나님의 몫은 이끄시는 것이며, 그 인도를 따르는 것은 우리의 몫이다.

이것을 수용한다면 우리는 필연적으로 하나님의 뜻을 아는, 다시 말해서, 그분이 우리에게 어디로 가기를 원하시는지 찾아내야 하는 문제와 씨름해야 한다. 헨리 누웬은 이 문제에서 나에게 도움을 주었다. 어느 인터뷰에서 그가 하나님의 뜻에 대한 질문을 받은 경우를 촌평하면서 이렇게 말했다, "인생에서 재미있는 것은 내가 알지 않으면 안 될 때에는 꼭 알게 됩니다. 나의 문제는 언제나 너무 빨리 알기를 원하는 것입니다.”[20]

나는 그것이 나의 문제이기도 한 사실을 깨달았다. 나는 내가 가는 길 너무 멀리를 보게 되기를 원한다. 나는 나의 인생이 내년에, 지금으로부터 오 년 후에, 또는 은퇴한 후에 어떻게 될지 알고 싶어 한다. 내가 이러한 유(類)의 생각에 너무나 많은 정신적이고 영적인 에너지를 쏟는다면, 나는 현재--이 순간 또는 오늘-- 하나님의 인도를 보지 못한다. 어떤 사람이 말한 것처럼, 하나님은 의도적으로 우리의 삶을 하루라는 길이로 나누셨고, 그래서 우리는 그 길이 안에서 사는 것을 배워야 한다.

이 말은 우리가 미래에 전혀 무관심해도 된다는 뜻이 아니다. 성경은 어느 곳에서도 기독인들이 계획이나 준비를 못하는 사람들로 묘사하지 않는다. 그러나 성경은 기독인들이 미래를 너무나 완벽하게 계획한 나머지 변화될 수 없는 사람들이 되어서도 안 된다는 것을 보여준다. 우리는 미래에 너무 깊이 빠져 살다가 현재의 기회를 잃어서는 안 된다.

우리들 앞에 가시는 하나님은 미래에 대하여 그분을 신뢰하라고 하신다. 그렇게 하면, 우리는 현재에 충실히 살도록 해방된다. 우리는 우리의 영적 에너지를 우리 앞에 직면한 것들을 위하여 집중할 수 있고, 또 더 단순한 마음을 가지고 살 수 있도록 해방되는 것이다.

어렸을 때 나는 종종 햇볕 나는 날, 특히 마른 낙엽이 땅을 덮는

---

20 Henri Nouwen, Interview in *Epiphany Magazine*, Winter 1981, p. 61.

가을에, 확대경을 가지고 밖에 나가곤 했다. 나는 낙엽들을 모아 쌓아놓고, 확대경을 태양을 향해 초점을 맞추고 꼭 붙잡고 있었다. 그러노라면 마침내 집중된 햇살이 낙엽에 불을 당겼다. 어떻게 그 빛이 그렇게 집중될 수 있는지, 그리고 그 빛이 집중되면 될수록 그만큼 더 많은 힘을 갖는지 참으로 놀라운 것이었다.

우리의 인생도 그와 같다. 우리가 우리 앞에 있는 상황에 주의를 집중하고 보다 넓은 미래를 우리 앞에 가시는 하나님께 맡긴다면, 우리의 능력을 증가시킬 수 있다. 우리는 너무나 여러 가지에 집착하면서 "많은 일로 염려하고 근심"하기(누가복음 10:41) 때문에 능력을 잃는다. 영성은 훌륭한 시간 관리라는 원리와 무관하지 않은데, 그 원리는 우리로 하여금 오늘의 임무에 더 충분히 집중할 수 있는 삶을 유지하게 한다.[21] 그러나 시간 관리의 기술 저변에는 우리의 내일을 우리 앞에서 인도하고 안내하시는 하나님께 실제로 맡길 수 있는 확신이 있어야 한다.

곁에 계시는 하나님

그러나, 우리 앞서 가시는 하나님을 시인하는 것만으로는 충분하지 않다. 우리에게는 우리 머리와 가슴 속으로 파고드는 다른 이미지가 필요한데, 그것은 우리 곁에 계신 하나님의 이미지이다. 미래의 하나님이 현재의 하나님이 되시는 것이다. 인도자가 능력 수여자가 되시는 것이다.

† 존 웨슬리의 영성을 부요하게 한 전통 중에는 청교도--그의

---

21 Gordon MacDonald, *Ordering Your Private World* (Chicago: Moody Press, 1985), pp. 64-85.

부모님도 성장한 청교도—가 있었다. 청교도들은 인생의 사건들을 "하나님의 순간들"이라고 말했다. 그들은 하나님이 안내, 위로 및 능력을 위하여 그들과 함께 하시지 않은 순간은 결코 없었다고 믿었다. 영적 생활에 대한 도전은 이 사실을 점증적(漸增的)으로 의식하면서 사는 것이었다.

그와 같은 "하나님의 순간들"은 시간에 대한 깊은 이해에 기반을 둔다. 성경에는 시간을 나타내는 헬라어가 둘인데, 하나는 크로노스(chronos)이고 다른 하나는 *카이로스*(kairos)이다. 크로노스는 연대적이며 연속적인 시간의 경과(經過)이다. 그것은 초, 분, 시간, 날짜를 포함한다. *카이로스*는 시간 속의 시간이다. 우리는 이것을 우리의 시간 가운데 있는 하나님의 임재와 활동으로 묘사할 수 있다. 그것은 양(量) 안에 있는 질(質)이다. 기독인인 우리는 하나님의 임재(kairos)가 우리의 행위들을 인도하고 채우실 때 우리의 삶(chronos)이 영위될 수 있다고 믿는다. 사실, 영성—사람의 영혼 안에 있는 하나님의 삶—은 시간의 크로노스와 카이로스의 차원을 조화시키는 것을 함축한다.

이 개념은 수도원의 주방에서 접시를 닦으며 동료 수도사들과 주님을 섬겼던 16세기의 수도사 로렌스 형제(Brother Lawrence)를 통해 자주 예시된다.[22] 그의 영적 생활에서 하나님의 임재가 예배당에서와 마찬가지로 부엌에서도 너무나 실제적이 된 경지에 도달했다고 그는 간증하였다. 그는 온종일 하나님의

---

22 Brother Lawrence, *The Practice of the Presence of God* (Grand Rapids: Baker Book House, 1975), pp. 20-21. 이 불후의 명저는 『하나님의 임재를 연습하라』는 제목으로 도서출판 세복에서 1996년 12월에 번역/출판하였다.

임재를 느낄 수 있을만큼 성장했다. 이십 세기에도 이와 같은 개념은 퀘이커(Quaker) 작가인 토마스 켈리에 의해 전해졌는데, 그는 우리가 한 번에 두 수준—인생사에 충분히 종사하면서 동시에 하나님과 교제를 나누는 수준—에서 살도록 창조되었다고 주장했다.23)

일반적으로 인정하듯, 이러한 종류의 삶은 쉽지 않으며, 우리는 일생 동안 그것과 싸울 것이다. 그러나 우리 곁에 계시는 하나님의 실재는 이것을 가능하게 한다. 우리의 영성에 있어서, 우리는 하나님이 가까이 계시다는 것을 인지(認知)하게 될 때, 그날의 시간과 시간 사이의 간격을 좁히는 것이다. 처음에는 우리가 크로노스와 카이로스를 연결시키지 못하면서 시간을 흘려보낼 수 있다. 그러나 우리가 이 훈련을 계속함에 따라 이 둘 사이의 간격은 좁혀질 것이다.

† 만일 우리가 인생에서 이러한 종류의 조화를 추구한다면, 이런 질문은 당연하다. "우리 곁에 계시는 하나님을 인식하면 어떤 유익이 있습니까?" 이 질문에 대한 가장 좋은 대답은 에베소서 6장 10-18절인데, 이 구절에서 바울은 주님의 힘으로 사는 것에 대하여 언급하였다. 그는 로마 군인의 갑옷을 사용하여 어떻게 하나님의 능력이 우리의 것이 될 수 있는 가를 보여 주고 있다. 각 부분의 갑옷은 하나님의 임재가 우리로 하여금 능력과 목적을 가지고 살게 하는 다른 면을 서술한다.24) 하나님은 우리의 매일의

---

23 Kelly, *A Testament of Devotion*, p. 35.

24 나는 특히 William Barclay 박사의 이 구절의 주석을 좋아한다. *Daily Study Bible: The Letters to the Galatians and Ephesians* (Philadelphia: Westminster Press, 1958), pp. 215-219.

삶 속으로 들어와서 우리로 하여금 우리가 당면하고 있는 압력과 문제들을 대하고 극복할 수 있도록 준비시켜 주신다.

그러나 가까이 계시는 하나님을 아는 유익은 그분이 부여하시는 능력의 자질만은 아니다. 하나님은 단순히 우리로 하여금 성공하도록 우리 곁에 계시지 않는다. 그분은 깊은 친교의 느낌을 제공하기 위하여 우리 곁에 계신다. 그리고 어떤 인생 형편에서도 존재하는 것이 바로 친교이다. 우리는 이것을 다윗이 기록한 시편 23편에서 본다, "내가 사망의 음침한 골짜기로 다닐지라도 해를 두려워 하지 않을 것은 주께서 나와 함께 하심이라." 우리의 길을 우리 곁에 계시는 하나님께 맡긴다는 것은 우리가 하나님의 능력과 임재만 있으면 충분하다는 증거이다—심지어 우리가 성공하지 못할 때에라도, 그리고 우리의 삶 자체가 우리를 공정하게 대하지 않을 때라도 말이다.

현대 기독교의 문제 가운데는 성공 증후군(success syndrome)이 있는데, 곧 당신이 하나님을 소유한다면 틀림없이 승리자가 될 것이라는 메시지이다. 이런 관점에서 보면, 하나님은 우리로 하여금 승진하고 또 물질적으로 번성하게 하시는 실용적인 신이 된다. 그런 존재를 주변에 지니고 있다는 것은 편리하나 동시에 그것은 천박하며, 또한 우리 곁에 계시는 하나님의 희미한 단편일 뿐이다.

나는 레이튼 포드(Leighton Ford) 박사가 심장수술 중 아들의 갑작스런 죽음을 묘사한 책을 저술한 것에 대하여 감사한다.25) 그는 이런 유의 죽음이 얼마나 영혼을 쓰라리게 하는 것인

---

25 Leighton Ford, *Sandy: A Heart for God* (Downers Grove,

지 조금도 감추지 않고 보여준다. 몇 년 후에도 그는 아들, 샌디 (Sandy)가 가던 곳을 가는 것이 쉽지 않았다. 그러나 그의 마지막 결론은 가까이 계시는 하나님은 능력—비극과 슬픔을 당하고 있는 우리를 견디게 하는 능력—의 하나님이라는 것이었다.

우리 곁에 계시는 하나님은 좋은 날이나 궂은 날이나 변함없이 계신다. 그분은 우리가 성공할 때는 물론 실패할 때도 우리와 함께 계신다. 그분은 우리가 번창할 때와 상처를 받을 때 우리와 함께 계신다. 우리가 처한 환경은 그분의 임재나 사랑의 지표가 아니다. 우리가 영성의 계속적 과정에 우리 자신을 맡기려면, 그분이 현재 우리와 함께 하신다는 것을 알아야 한다. 그리고 그분의 임재는 변덕스럽지 않으며, 오히려 일관되고 지속적이며, 언제나 우리를 찾으신다는 것을 확신해야 한다.

안에 거하시는 하나님

인도와 능력의 이미지만큼이나 강력한 세 번째의 그림은 우리의 생애에서 역사하시는 하나님의 사역에 대한 이해일 것이다. 우리 안에 거하시는 분은 다름 아닌 하나님이다. 기독인의 믿음에서 가장 심오한 진리는 하나님이 우리에게 영향을 끼치실 뿐 아니라, 우리에게 가득 채우시기를 원한다는 것이다. 이것이야말로 예수님이 제자들에게 말씀하신대로, 성령이 그들에게 임하시겠다는 말씀이었다(요한복음 14:17).

내가 20 여년 전 기독인이 되었을 때 나는 요한계시록 3장 20

IL: InterVarsity Press, 1985).

절에 들어있는 그리스도의 말씀에 경탄했다: "볼찌어다 내가 문 밖에 서서 두드리노니 누구든지 내 음성을 듣고 문을 열면 내가 그에게로 들어가 그로 더불어 먹고 그는 나로 더불어 먹으리라." 나는 살아계시는 그리스도가 나의 생애 가운데로 들어오신다는 사고를 이해할 수 없었다. 이처럼 전혀 새로운 기독교에 대한 이해 때문에 근본적으로 이론적인 믿음이 깊은 개인적 믿음으로 변화되었다. 모두 인정하는 것처럼, 여기에는 깊은 신비—처음보다 지금은 오히려 더 이해하지 못하는 신비—가 있다. 그러나 나는 과거 어느 때보다 개인적 기독교에 더 헌신되어 있다. 왜냐하면 그 신비의 크기가 잠재력을 또한 증가시켜 주기 때문이다.

우리는 "그리스도 안에서"와 "당신 안에 거하시는 그리스도"라는 개념이 모든 성경에서 기독자의 삶을 묘사하는 가장 강력한 이미지라는 것을 이미 주목한 바 있었다. 그러나 여전히 이런 질문이 남아있다, "왜 하나님은 우리와 이처럼 친밀하고 가깝기를 원하시는가?" 하나님의 행동은 언제나 어떤 목적을 위해서이다. 성령이 거하시는 우리의 존재에 대한 하나님의 목적을 묵상하면서 나는 다음과 같은 개념들이 머리에 떠올랐다.

† 첫째는 정화(purification)를 위한 우리의 필요이다. 하나님이 우리의 생애 가운데로 들어오실 때, 우리 삶에서 그분의 뜻에 거슬려 생각하고, 행동하고, 말하는 불순한 것들을 깨끗하게 하시려는 의도를 가지고 들어오신다. 베드로가 예수님이 누구인지 처음 깨달았을 때 소리쳐 고백한 말은 항상 흥미롭다. 그는 하나님의 아들 앞에 있다는 사실을 알자 이렇게 울부짖었다, "주여 나를 떠나소서 나는 죄인이로소이다"(누가복음 5:8). 예수님은

베드로의 죄성에 대하여 한 말씀도 하지 않으셨으나, 그러나 어떤 방법으로인지는 모르나 그래도 그분의 임재는 그의 죄성을 드러내었다.

하나님이 우리 안에서 행하시는 최초의 역사가 우리를 정결(淨潔)하게 하는 사실에 놀라서는 안 된다. 그분의 의도는 우리의 삶 속에 거하시는 것이며, 따라서 그분이 적합한 거주지로 만들기를 원하신다는 것은 너무나 당연하다. 지니와 내가 새 집을 사자, 우리들은 무엇보다 먼저 집 안으로 들어가서, 방마다 다니면서, 우리가 이사올 수 있도록 청소하면서 준비하였다. 우리는 그 집이 우리 가족의 생활 양식을 반영하기를 원했다. 영적 삶에서도 똑같다. 하나님의 첫째 바램은 이제 안에 사시는 분의 성품을 반영하는 것이다. 이것은 정화의 개념을 부정적인 것에서 적극적인 것으로 바꾼다.

하나님의 갱신(更新)과 정결의 행위는 두 가지의 중요한 진리에 근거한다: 우리는 죄인이며 따라서 그러한 정결을 필요로 한다; 우리는 우리 삶 속에서 하나님 은혜의 역사를 통하여 개선될 수 있다. 첫째 진리는 사실을 언급하며, 둘째는 잠재력을 묘사한다. 스탠리 존스는 그것을 다음과 같이 표현했다, "당신에게 맡기면, 당신은 문제입니다. 그러나 하나님께 맡기면, 당신은 가능성입니다!"26)

이 말은 내주(內住)하시는 하나님이 우리의 삶에서 활동적으로 임재하신다는 것을 의미한다. 그분의 입주(入住)는 실질적이면서

---

26 E. Stanley Jones, *Growing Spiritually* (Nashville: Abingdon Press, 1953), p. 69.

도 극적인 변화를 일으킬 수 있으나, 우리는 그분이 지금 내주하고 있는 그것을 "훌륭하게 조율"(調律)하고 있는 지속적인 역사를 항상 느낄 수 있을 것이다. 당신이 십대의 소년이 몇 시간이고 그의 차를 닦고 있는 것을 본 적이 있다면, 하나님 아버지가 우리에게 주시는 관심과 보호라는 개념을 조금이라도 이해할 수 있다. 하나님은 그분의 사랑과 은혜의 독특한 손길—갈수록 우리로 하여금 그분을 더 닮게하는 손길—을 끊임없이 더해주시는 것 같다.

놀랍게도 이러한 정화는 현재는 물론 과거를 다룰 수 있다.27) 성령을 통하여 하나님은 우리의 잠재 의식을 뚫고 들어와서 우리로 하여금 그분의 영광을 반영하지 못하게 하는 모든 장애물로부터 우리를 자유롭게 하실 수 있다. 과거로부터의 해방은 더욱 능력있는 현재를 가능케 하며 동시에 보다 큰 소망--우리의 내일이 하나님의 갱신 능력 밖으로 밀려나지 않는다는 소망--을 창조한다.

이런 차원의 하나님의 내주적 임재는 나의 폭발적 성격을 알게 되었을 때에 나에게 강력하게 역사하였다. 결혼한지 얼마 지나지 않아서 내가 이런 문제를 가지고 있다는 것을 깨달았는데, 아이러니컬하게도, 종종 나의 아내 지니가 내 분노의 대상이었다.

나는 이 사실을 알고 놀랐으며 또 무척 두려웠는데, 그 이유는 내가 그런 폭발적 성격을 지닌채 아내를 사랑할 수 없다는 것을

---

27 비록 기억의 치유라는 개념이 혹자에 의하여 오해되고 오용되고 있으나, 나는 여전히 그것이 기독인을 위한 인증(認證)되고 중요한 사역이라고 믿는다. 이 주제에 대하여 더 알려면, 나는 다음의 저서를 추천한다: David Seamands, *Healing of Memories* (Wheaton: Victor Books, 1985).

너무나도 잘 알았기 때문이었다. 어느날 오후 모든 것이 절정에 이르렀을 때 성령이 나의 삶을 과거에서 현재까지 점검할 수 있도록 도우셨다. 하나님이 나의 삶에 있는 이 커다란 문제를 치유하시기 시작하자, 새로운 것들이 빛으로 드러났다. 그날 치유가 완전히 이루어지진 않았지만, 그래도 하나님은 나의 성격의 배경을 깨뜨리고 나에게 미래를 위하여 새로운 소망을 주셨다.

† 뿐만 아니라 이 내주의 임재는 나에게 능력을 제공한다. 나는 우리 삶에 하나님의 임재를 향유(享有)하면서도 우리를 위한 그분의 욕구를 이루어드리지 못하는 것보다 더 큰 비극은 없다고 생각한다. 하나님이 능력을 주시는 단순한 사실 자체는 우리가 기독인의 삶을 영위하기 위하여 그 능력을 필요로 한다는 증거이다. 하나님이 우리에게 능력을 제공하신다는 것은 우리 스스로는 만족할 수 없다는 궁극적 증거가 되기도 한다.

내가 이 저술을 할 때, 무시무시한 겨울 눈보라가 치고 있었다. 이틀 전만 해도 따듯한 봄날씨였는데, 지금은 바람이 우리 집을 몰아치고 있으며 기온은 화씨 사십 도로 떨어졌다! 우리집 개도 변화를 눈치챘다. 한 마디로 추웠다! 그러나 우리 집은 열 펌프 덕택에 따뜻하고 편안하였다. 집 자체는 저절로 따뜻해질 수 없음으로, 필요한만큼 충분한 열량을 제공할 수 있는 특별히 고안된 난방 장치가 설치되어 있었다.

마찬 가지로, 나는 나의 힘으로 기독인의 삶을 살 수 없다. 오늘날 스스로 돕고 향상시키는 프로그램들이 많이 있음에도 불구하고, 자기 의존의 경향을 극복하기란 엄청나게 어렵다고 나는 확신한다. 그러나 우리의 삶에 하나님의 전적인 역사를 경험하려면 그것을 극복해야만 한다. 나는 현대성경(The Living Bible)의 고린도후서 4장 7절을 좋아한다, "모든 사람은 안에 있는 은혜의 능력이 하나님에게서 와야지 우리 자신의 것이 아니라는 것을 알 수 있습니다."

로버트 보이드 멍어(Robert Boyd Munger)는 경건 시간에 대한 고전이 된 『내 마음, 그리스도의 집』(My Heart, Christ's Home)이라는 책자를 저술하였다. 이 책자는 그리스도가 많은 방이 있는 집에 들어오시는 이야기인데, 방 하나 하나는 삶의 영역을 상징한다. 한 방은 우리의 일을 나타내는 작업실이다. 그리스도는 주인에게 무엇을 만들고 있는지 보여달라고 요구하신다. 그 사람은 그가 어떤 일을 하고 있는데, 여전히 무기력감으로 좌절을 경험하고 있다고 대답한다. 그 말에 그리스도는 대답하신다, "내가 너를 도와 주겠노라." 그분은 작업대로 가서 그 사람의 손을 잡고, 그리스도의 손으로 그의 손을 인도하고 능력을 주시니, 새롭고 놀라운 것들이 만들어지는 것이다.28)

이것이야말로 우리가 언급하고 있는 그런 능력이다. 이 말은 하나님이 우리의 은사와 은총을 제쳐놓고 우리 안에서 역사하신다는 것이 아니다. 아니다, 그분은 우리의 힘과 재능을 가지고 역사하면서, 우리를 그분의 능력으로 능력있게 만들어서 우리가 혼자 할 수 있는 것보다 많은 것을 성취하게 하신다. 우리는 우리의 생각과 행동이 다른 원천에서 생성(生成)되고 있다는 느낌을 가지고 살기 시작한다. 우리는 바울과 함께 이렇게 말할 수 있다, "이

---

28 Robert Boyd Munger, *My Heart, Christ's Home* (Downers Grove, IL: InterVarsity Press, 1957).

제는 내가 산 것이 아니요 오직 내 안에 그리스도께서 사신 것이라"(갈라디아서 2:20).

† 이것은 우리를 내주하시는 하나님의 셋째 선물, 곧 시각(perspective)으로 인도한다. 하나님의 조속적인 정화를 경험하였으며 그분의 능력이 우리 안에서 역사하신다는 것을 깨달은 우리는 우리 자신과 삶에 대한 새로운 시각을 얻게 된다. 이것은 예수님이 사람들에게 "볼 수 있는 눈"과 "들을 수 있는 귀"를 가져야 된다고 말씀하신 것과 같은 의미이다. 우리는 기독인의 시각으로 인생을 바라보아야 한다.

나는 종종 교회가 당면한 가장 큰 필요는 기독인들이 기독인답게 사는 것이라고 생각한다. 나는 듀크 대학의 교목 실장, 윌리엄 윌리몬 (William Willimon) 박사의 말에 동감하는데, 그는 오늘날 기독교의 가장 큰 필요가 "기독인들이 있는 그대로 솔직한 사람이 되는 것"이라고 말한다.29) 우리도 역시 쉽게 세속화된 세대의 생각과 행동 양식을 받아들이며, 그리고 나서 우리의 행동을 합법화하려는 노력으로 "믿음"이라는 얇은 덮개로 그것을 덮는다. 우리는 위험하게도 레슬리 웨더헤드(Leslie Weatherhead)의 관찰, 곧 기독교가 한 가지 잘못한 것이 있다면 그것은 기독교를 전혀 시도해 보지 않았다는 관찰을 거의 그대로 이루고 있다.30)

우리는 우리 삶의 근본적인 정의가 "기독인"이라는 것을 절대적

---

29 William Willimon 박사는 이 개념을 애스베리신학교에서 1985년 개최하였던 라이언 강좌(the Ryan Lectures)에서 나누었다. 그는 이 개념을 그의 저서에서 확대하였다, *What's Right with the Church* (San Francisco: Harper & Row, 1985).

30 Leslie Weatherhead, *The Transforming Friendship* (Nashville: Abingdon-Festival, 1977), p. 56.

으로 이해해야 한다. 너무나 자주 우리는 우리 자신을 우리가 행하는 것으로 정의하면서, 우리는 의사, 교사, 회계, 주부라고 말한다. 그러나 기능은 결코 우리의 인성(人性)을 정의하지 못한다. 오히려, 우리는 우리가 누구인가에 의하여 정의된다. 일단 이러한 개념이 우리를 사로잡으면, 우리는 하나님이 의도하신대로 증인과 갱신의 매개자(媒介者)가 되기 시작할 것이다.

찰스 쉘돈(Charles M. Sheldon)의 『그분의 발자취를 따라서』(In His Steps)라는 저서는 어느 마을의 사람들이 "예수라면 어떻게 하실까?"라는 질문에 의하여 변화된 이야기이다.[31] 어떤 사람들은 쉘돈의 저서가 기독인의 행동을 너무 단순화시켰다고 비난했다. 그리고 그 질문 하나가 우리의 행동을 형성하는 방법에 대한 유일한 기준은 아니나, 그래도 그 질문은 우리로 하여금 인생에 대한 기독인의 시각을 다시 얻게 하는데 오래 동안 도움이 될 것이다.

이상의 세 가지 이미지를 통해서 우리의 삶에 나타난 하나님의 임재와 사역이 포괄적이라는 것을 살펴 보았다. 인도자, 능력자, 충만자로서 그분은 우리가 필요로 하는 모든 것을 제공하신다. 그분이 앞서 가시고, 곁에 계시고, 안에 거하시기에, 하나님과의 관계가 깊고도 친밀한 것을 우리는 발견한다. 그분은 기독인이 삶을 우리 스스로 또는 우리의 힘으로 영위하는 것을 결코 원하시지 않는다. 우리가 어디에 있든지, 어떤 일을 하든지, 우리는 결코 혼자가 아니다!

---

31 Charles Sheldon, *In His Steps* (Old Tappan, NJ: Revell Spire Books, 1963).

모든 것을 공급하시는 하나님

나의 하나님이 그리스도 예수 안에서 영광 가운데 그 풍성한대로 너희 모든 쓸 것을 채우시리라.   빌립보서 4 : 19

침묵을 훈련하라

앞서 가시는 하나님, 곁에 계시는 하나님, 그리고 우리 안에 계시는 하나님을 경험했던 때를 생각해 보라.

명상을 훈련하라

하나님의 한 가지 모습을 선호(選好)하는 것은 정상이다. 이 장에서 묘사된 셋 중 어떤 모습을 당신은 선호하는가? 그 이유는?

우리가 선호하는 것은 우리의 필요를 명상하는 것일 수 있다. 당신의 선호는 하나님이 당신의 필요를 위하여 역사하시는 통로로 작용하는가? 당신은 새로운 진로(進路)를 따라 믿음을 개발할 필요가 있는가?

결단을 훈련하라

하나님으로 하여금 당신의 삶을 조사하고, 필요를 드러내고, 그리고 그분의 때와 그분의 방법으로 그것을 해결하시도록 하라.

기도를 훈련하라

하나님이 당신의 삶 속에서 항상 역사하심에 대하여 감사의 기도를 작성해보라.

읽기를 훈련하라

시편 139편 1-14절과 빌립보서 4장 11-13절을 읽어라.

5

새로운 방식의 삶

언젠가 나는 자기 교단을 위하여 영성 자료의 개발을 책임지고 있는 일단의 사람들과 회의를 하고 있었다. 토론이 한참 진행되고 있을 때, 어떤 사람이 말했다, "스티브, 당신의 말에 의하면 영성이란 어떤 프로그램으로 생각할 수 없다는 말이죠?" 그 사람은 물론 그 사람들에게 이것은 이해하기 어려운 것이었다. 우리 모두는 프로그램과 계획과 과정으로 생각하는 경향이 너무나 많아서 영성을 이처럼 이해하거나 묘사하기란 결코 쉽지 않다. 오히려 우리는 영성을 총체적인 삶의 방식—진정으로 새로운 방식의 삶—으로 이해하지 않으면 안 되는 것이다.

영성은 당신이 어떤 상자 안에 넣을 수 있는 것이 아니다. 영성은 또 하나의 자기 개발 프로그램이 아니다. 영성은 "당신이 새롭게 된 후 구십일 째"라고 묘사될 수 있는 것이 아니다. 사실, 영성은 시작과 끝이라는 표현으로 생각되지 않는다. 영성은 삶의 전체라는 말로 생각된다. 이 장에서 우리는 어떻게 그럴 수 있는지 알아 보기를 원한다.

신학

우리는 신학으로 시작한다. 영성의 기조(基調)는 "예수님이 나의 주님입니다!"라는 확신이다. 이 확신은 기독교의 초기 신조이며, 동시에 현대의 영성을 위한 기준이기도 하다. 왜 그런가? 왜냐하면 이 확신은 "그리스도 안에서" 인생을 더 이상 어떤 범주와 구획(區劃)의 말로 이해될 수 없기 때문이다. 내 하루의 모든 순간과 내 삶의 모든 영역이 그분의 주권(주님되심) 아래 들어간다.

스탠리 존스는 사람들에게 종종 일깨워주었다, "그분은 모든 것의 하나님이시든지 아니면 전혀 하나님이 아니십니다."32) 이것은 논리적으로 이해하기 어렵지 않으나, 실존적으로 실천에 옮기기는 어렵다. 우리는 그것을 알고 있으나 생활화하는 것은 어렵다. 무신론자에는 두 부류가 있다. 첫째는 하나님이 존재하지 않는다고 믿는다. 둘째는 마치 하나님이 존재하지 않는 것처럼 산다. 아이러니컬하게도, 종국에는 두 길이 다 한 곳에서 만난다. 하나님은 삶의 가장자리로 밀려나거나, 아예 삶의 영역 밖에 있는 것이다. 우리의 세대에서 둘째 범주(範疇)의 무신론이 훨씬 더 위험하다. 사회가 갈수록 더 세속화되고 과학의 기술이 증가되면서, 인간의 유혹은 하나님을 시대에 뒤진 분으로 간주하는 것이다.

몇 년 전 나는 미항공우주국(NASA)의 과학자가 우주 프로그램에 대하여 말하는 것을 들을 기회가 있었다. 그는 기독교 신앙

---

32 E. Stanley Jones, *The Unshakable Kingdom and the Unchanging Person* (Nashville: Abingdon Press, 1972), p. 15.

을 고백하는 기독인이었는데, 연설 도중 이런 흥미있는 촌평(寸評)을 했다, "우리 과학자들은 일이 잘못될 때는 하나님을 원망하고, 일이 제대로 진행될 때는 우리를 칭찬하는 경향이 있습니다." 이 촌평은 현대의 세속적인 정신--자신을 칭찬하는 데는 빠르고 일이 잘못될 때 속죄양을 찾는 데에 역시 빠른 그런 정신--을 잘 포착한 말이었다. 우리의 과학 기술이 우리를 받드는 한, 하나님을 상대적으로 덜 중요하게 간주하기란 너무나 쉽다.

"예수님이 주님"이라고 스스로 확인하는 것이야말로 우리가 지금까지 묘사한 그런 영성을 향한 첫 중대한 걸음이다. 우리가 보기에 이 걸음은 여러 세대의 성인들이 택한 걸음인데, 그들은 오늘날의 우리처럼 구획을 지어서 생각하지 않았다. 그들에게 삶은 통합적이며 하나였다. 하나님은 세상의 모든 곳에 스며들어 계신다. 그들은 바울이 그리스도에 대하여 이렇게 기록한 실재를 알고 있었다, "만물이 그 안에 함께 섰느니라"(골로새서 1:17).

따라서, 그들은 그들의 신학을 반영하고 확정할 수 있는 삶의 양식을 추구하였다. 그들은 "모든 생각을 사로잡아 그리스도에게 복종케" 하라는 말씀을 이루기 위하여 애를 썼다(고린도후서 10:5). 물론, 그들의 행동 가운데는 색다르고 과장된 것도 있었으나, 그들의 의도는 그리스도를 통해 하나님과 중단 없는 교제의 삶을 영위하는 것이었다. 그들의 삶은 "예수님이 주인"이라는 믿음을 의식적으로 적용하는 것이었다.

리듬 (rhythm)

만일 이러한 신학적 확신이 영성을 위한 버팀목이 된다면, 우리

는 그것을 삶에 적용할 수 있는 길을 찾아야 하리라. 우리는 그리
스도의 주되심을 믿는다는 단순한 진술(陳述)을 넘어서, 그것을
우리의 일상 생활에 표현하는 길과 방법들을 모색(摸索)해야 할
필요가 있다. 첫 단계는 우리의 생활에서 리듬의 감각을 다시 찾
는 것이다. 산업화된 서구에서 우리는 너무나 생산 지향적이 되어
이러한 개념을 거의 잊었다. 그러나 영성이 우리의 삶의 길이 되
기 위해서, 우리는 이 필수적인 요소를 다시 찾아야 한다.

  † 이 리듬은 예수님이 제자들에게 하신 말씀에 나타나 있다,
"너희는 따로 한적한 곳에 와서 잠깐 쉬어라"(마가복음 6:31). 몇
년 전 이 구절이 사역 지향적인 성경 말씀 못지 않게 진리라는 사
실이 나에게 깨달아졌으며, 또한 예수님은 나에게 다른 성경 말씀
과 조화를 이루면서 살아야 하는 것처럼 이 말씀도 역시 조화를
이루며 살기를 기대하신다는 사실이 깨달아졌다.

  이 말씀의 정황(情況)은 통찰력을 주는데, 왜냐하면 앞 구절은
예수님과 제자들이 너무 바빠서 식사할 겨를 조차 없었다고 한다.
익숙하게 들리는가? 당신은 대부분 전 속력으로 달리고 있지 않
은가? 그렇다면, 예수님이 어떻게 하셨는 가를 주시하라. 중압감
가운데서 예수님은 브레이크를 밟으셨다. 그분은 격렬한 활동을
떠나 한적한 곳으로 제자들을 데리고 가셨다.

  언뜻 보면 우리는 놀랄 수 밖에 없다. 도대체 어떻게 예수님은
진정한 필요를 무시하고 쉬실 수 있었을까? 그러나 그런 질문을
한다는 것 자체는 우리가 성경적인 시각으로부터 얼마나 멀어져
있는 지를 밝혀준다. 예수님의 결정은 활동과 명상의 원리—삶의
조직이 되어버린 원리—를 깊게 표현한 것이다. 그뿐 아니라, 그

것은 예수님 자신이 사신 방법의 표현이었다.

이제 멀리 창조의 이야기로 돌아가 보자. 엿새 동안 하나님은 일하셨으나, 제 칠일에는 안식하셨다. 이스라엘 나라가 탄생되었을 때, 그 백성은 그들의 삶에서 이와 똑 같은 리듬을 찾아서 표현해야 된다는 명령을 받았다. 예수님이 연극에 나타나셨을 때, 그는 균형있는 삶을 실현하신 본보기였다. 많은 경우 그분은 기도하시기 위하여 조용한 곳을 찾으셨다. 복음서는 제자들이 예수님을 찾을 수 없었던 경우를 몇 번 보여주고 있는데, 그것은 그분이 군중이나 그룹보다는 고독을 택하셨기 때문이었다. 그럼에도 불구하고 그분이 다른 사람들의 필요에 대하여 무관심하셨다는 암시는 한 번도 없었다. 반대로, 예수님의 업적을 사역의 양으로 측정한다면, 고독의 시간 때문에 그분은 많은 요구들을 더 잘 대처하실 수 있었던 것을 알 수 있다.

나의 친구며 동료 교수인 도날드 데머레이(Donald Demaray) 박사는 이 진리를 생생하게 묘사하는 이야기를 들려주었다. 그는 스탠리 존스가 설교하는 집회에 참석하고 있었다. 도날드는 스탠리 형제를 만나본 후 집회를 떠나겠다고 결심하였다. 한 집회가 끝난 후 그는 호텔에 있는 존스 박사의 방으로 가서 문을 두드렸다. 그런데 대답이 없었다. 분명히 스탠리 존스가 방에 있다는 확신 때문에 도날드는 좀 더 세게 문을 두드렸다. 그래도 여전히 대답이 없었다. 실망해서 도날드는 돌아갔다. 나중에 도날드가 마침내 스탠리 형제를 만나게 되었을 때, 그에게 물었다, "오늘 오후에 문을 두드리는 소리를 못 들으셨나요?" 존스 박사는 대답했다, "물론 들었습니다. 하지만 나는 모든 사람에게 시간을 낼 수 있는 사람은 결국 아무에게도 아무 쓸모 없는 사람이 된다는 것을 배웠습니다."

아이러니컬하게도, 우리 기독인이 잊은 것을 현대의 경영 이론가들이 이제 강조하고 있다는 것이다. 내가 읽은 거의 모든 경영에 관한 저술은 경영자에게 개인의 명상과 재충전을 위하여 매일 일정한 시간을 마련하라고 권고한다. 실제로, 우리가 고독과 침묵의 시간을 가질 때, 보다 더 잘 그리고 보다 더 효과적으로 일한다. 영성은 점증하는 효율성에 의하여 그 목표를 정하지는 않지만, 그래도 우리로 하여금 인생을 리듬을 가지고 바라볼 수 있는 곳으로 안내하며, 그 결과 우리는 활동과 명상을 균형있게 한다.

† 이것과 연관된 것으로 군중과 고독의 리듬이 있다. 우리들 대부분은 군중 속에서 우리의 나날을 살아간다. 공장이든 빌딩이든, 아니면 집에서든 우리는 거의 계속적으로 다른 사람과 같이 지낸다. 어떤 사람은 행복을 느끼기 위하여 군중 속에 있어야 된다고 생각한다. 사람들이야말로 우리를 부요케 하기 위하여 하나님이 주신 선물이기는 하지만, 동시에 사람들은 우리의 영적 삶을 소모(消耗)시킬 수 있다.

군중 속의 고독이라는 필요가 나를 위하여 충분히 강조된 것은 리차드 포스터가 우리들 중에는 "사람들로부터 금식"할 필요가 있다는 말을 들었을 때였다.[33] 우리는 보통 금식이란 음식을 먹지 않는 것이라고 생각한다. 그러나 포스터 박사는 우리들 대부분이 사람으로부터 떨어져서 혼자 있는 기술을 재발견할 필요가 있다

---

33 Richard Foster, *Study Guide for the Celebration of Dscipline* (San Francisco: Harper & Row, 1983), p. 28.

고 말했다. 사람들과 계속적으로 함께 있으면 우리 자신의 영혼과 대화하는 기술을 잃기 쉽다. 사람들은 우리를 자기 자신의 마음의 열망으로부터 흐뜨릴 수 있다. 우리는 너무 다른 사람들에게 빠져서 자신을 어루만지지 못할 수도 있다.

나는 결혼을 통해 이런 필요를 발견했다. 아내 지니는 마침내 우리의 관계에서 자신만의 장소가 필요하다는 메시지를 나에게 전달하였다. 너무나 오랫동안, 나는 기회가 있을 때마다 아내와 함께 있어야 한다고 생각했다. 내가 이해하지 못했던 것은 그렇게 함으로 나는 실제로 아내를 질식(窒息)시키면서, 우리 자신의 생각만 가지고 혼자 있을 수 있는 귀중한 시간을 빼앗고 있었다는 것이었다. 이제 내가 알게 된 것은 나의 지나친 관심은 일종의 불안, 곧 내가 가능한 많이 아내의 삶 속에 있지 않으면 아내는 다른 사람이나 다른 어떤 것에 더 관심을 둘지도 모른다는 두려움이었다. 나는 서로에게 고독의 시간을 허락할수록 실제로는 우리의 관계가 견고해지는 것을 보게 되었다.

† 이 리듬에는 또 다른 차원이 있는데, 곧 유우머와 근엄(謹嚴)이다.34) 토마스 머톤(Thomas Merton)은 이렇게 말한 적이 있다, "성자의 특징은 웃을 수 있는 능력이다." 그 말은 우리들 대부분이 너무 지나치게 심각하다는 말이나 마찬가지이다. 너무 지나치게 근엄하면 쉽사리 긴급성의 느낌을 일으키며, 따라서 모든 것을 "지금" 당장 실시해야 된다는 확신을 갖게 된다. 이것은 우리와 우리 주변 사람들에게 엄청나고 비현실적인 중압감을 일으킨

---

34 Susan Muto, *Renewed at Each Awakening* (Denville, New Jersey: Dimension Books, 1979), pp. 17-18.

다.

나는 종종 안수받은 목사들을 위하여 세미나를 인도한다. 대체적으로 나는 그들을 자신의 가치를 입증하기 위하여 무섭게 노력하는 전문가들로 간주한다. 두 말할 필요도 없이, 이러한 노력은 성직자들이 종종 시대에 뒤떨어진 사람으로 여겨지는 문화적 배경을 깔고 출연(出演)된다. 하지만 이런 격앙된 자기 정당화의 노력은 인생에 대하여 음침하고 지나치게 심각한 반응을 불러 일으킬 수 있다. 그들의 긴장을 풀어주기 위해 나는 다음과 같이 말했다, "나는 여러분들이 꼭 필요한 존재가 아니라는 사실을 증명할 수 있습니다. 그것은 간단합니다. 죽어버리십시오, 그러면 이주일 이내에, '당신 없이는 존재할 수 없을 것 같았던' 교회는 새로운 지도자를 찾을 것입니다." 잠시 동안 침묵이 흘렀다. 그리고 우리 모두가 얼마나 우리의 중요성을 잘못 두었는지 깨달으면서 몇몇 사람들의 킥킥대는 웃음 소리가 들렸다. 나는 이 사실이 다른 전문가들에게도 똑같이 적용되리라고 믿는다.

왜 어마 봄벡(Erma Bombeck) 같은 작가들이 그렇게 인기 있는가? 나는 그들이 인생을 구체적으로 살펴보고 그리고 뒤로 물러서서 그 인생을 비웃을 수 있는 기술 때문이라고 생각한다. 우리도 그들의 저서를 구입하는데, 어떻게 그렇게 할 수 있는지 알아보고 싶기 때문이다. 우리는 우리 주변에 있는 유우머를 보기 위하여 그들의 도움을 필요로 한다. 그들은 우리로 하여금 인생을 덜 심각하게 대할 수 있게 해 준다. 그리고 그들의 저술을 읽노라면, 우리 마음 깊은 곳에서 건전한 정화 작용이 일어나는 것을 경험한다. 우리 자신과 경험에 대하여 웃음으로써 우리는 "깨끗해지는" 느낌을 갖는다.

　지나치게 심각해지려는 우리의 성향(性向) 때문만이라도 우리가 취미 활동을 가져야하는 중요한 이유가 된다. 취미 활동이란 잘은 못하면서도 동시에 즐길 수 있는 오락이 되어야 한다. 취미 활동이 또 다른 심각한 노력을 수반하는 성격을 갖는다면 즐거움은 빠져나가 버린다. 나는 골프를 치는 많은 사람들이 골프를 너무나 심각하게 받아들인 나머지 골프를 즐기지 못하는 것을 보고 항상 놀란다. 어떤 취미 활동이든 즐기지 못한다면 다른 취미 활동을 찾아야 되는 확실한 신호이다.

　영성은 우리로 하여금 유우머와 근엄을 섞어서 균형을 맞출 것을 요청한다. 영성은 우리로 하여금 자신을 덜 심각하게 받아들이고, 긴장의 플러그를 뽑고, 우리의 불완전을 상기시키는 배출구를 찾아 즐기며, 동시에 기쁨과 편안을 누릴 것을 요청한다. 활동과 명상, 군중과 고독의 리듬, 그리고 유우머와 근엄의 리듬이 조화되면 인생에 필요한 균형과 안목을 가져다 준다.

하나님 의식 (God-consciousness)

　이처럼 새로운 방식의 생활에서 또 하나의 중요한 단계는 영성을 하나님을 위하여 접어둔 어떤 시간으로 보다는 영위해야 될 삶으로 보게 되는 것을 포함한다. 복음주의권(evangelical circle)에 있는 많은 사람들은 영적 무장을 경건의 시간(Quite Time)의 훈련에 국한시키는 경향이 있다. 모든 제자화와 훈련 체제는 여기에 기초하여 개발되었다. 그룹 인도자들은 회원들에게 "당신의 경건의 시간은 어떻습니까?"라고 묻도록 훈련 받았다. 만일 답변이 긍정적이라면 그 회원의 영적 삶은 훌륭하다고 가정한다.

이런 식으로 양육받은 우리들 가운데 이것은 영성을 너무 좁게 이해한 결과라는 것을 지금 안다(그때는 의심했었다). 나도 경건 시간의 가치에 대하여 감사하지만, 옳지 않게 사용될 때 영적 생활을 잘못 구획함으로 그 결과 "영적인 삶"과 "세속적인 삶" 사이를 인위적으로 구분한다는 사실을 나는 지금 인식한다. 우리는 하나님과 같이 있는 시간을 하루 중 몇 분으로 너무 좁게 구분한 나머지, 하루 중 남은 시간도 하나님 앞에서 살아야 된다는 사실을 잊어버린다.

이것은 경건의 시간을 갖는 방법의 문제라기 보다는 경건의 시간을 가르치고 행하는 사람의 잘못이다. 영성은 하루 중 특정한 경건 시간을 강조하는 것도 사실이다. 그러나 영성은 그 시간을 우리의 영적 삶 전체와 같은 것으로 여기게 하지는 않을 것이다.

나는 학생들을 가르칠 때, 그것을 이런 식으로 설명했다, "하나님은 여러분을 경건의 시간을 갖게 하기 위하여 부르신 것이 아니라 경건의 삶을 살라고 부르셨습니다." 이 말은 특정한 경건의 시간의 필요를 당연지사로 간주하나, 동시에 영적 삶을 하루 종일로 확장시켜야 한다는 것을 의미한다. 나는 이것이 예수님의 주되심의 신학에 대한 논리적인 연장이라고 믿는다. 예수님은 내 삶의 전부를 요구하시지, 모퉁이만을 요구하시지 않는다. 경건 시간의 목표는 나로 하여금 내가 깨어 있는 동안 내내 그리스도를 보고, 듣고, 그리고 반응하게 하는 것이다.

영적 발전의 목표는 우리 삶을 갈수록 더 하나님의 손에 맡기고 그리고 우리의 삶에서 하나님의 역사를 갈수록 많이 보는 것이다.

우리 가운데 중단 없는 영교(靈交)의 위치에 도달할 사람은 거의 없을 것인데, 그 까닭은 우리는 우리에게 닥치는 일에 의해 너무나 쉽게 중심이 흩어지기 때문이다. 그러나 시간 중심의 영성에서 삶 중심의 영성으로 옮겨갈 때 하나님 의식의 순간들 사이에 있는 간격을 좁힐 것이다.

이것이 좋기는 하지만, 피해야 될 위험도 없잖아 있다. 그것은 다음과 같이 말하거나 생각하는 위험이다, "그런데, 나는 항상 하나님의 임재 속에서 살기 때문에 실제로 경건의 시간을 위하여 특정한 시간을 할애할 필요가 없습니다." 이런 태도는 위험하며 요지(要旨)를 완전히 이해하지 못한 것이다. 식당의 요리사가 다음과 같이 말한다면 어떻게 될까 한번 상상해 보라, "나는 시간을 내서 먹을 필요가 없어요. 하루 종일 음식에 파 묻혀 살면서 일하거든요." 우리의 영성에서 우리는 하루 중 일정한 시간을 따로 내어야 한다. 그래야 우리의 영혼이 의식적으로 그리고 의도적으로 양분을 공급받는다.

이것은 우리가 우리의 삶에서 평범한 시간의 영적 가치를 포착한다는 것을 의미할 것이다.35) 우리 모두는 인생의 큰 사건에서는 하나님의 임재를 제법 잘 느끼나, 일상적이고 활기없는 순간들에는 매우 쉽게 그분을 놓친다. "유명 인사의 기독교"가 갖는 한 가지 문제는 하나님이란 분은 인생의 휘황찬란한 차원에서만 임재하신다는 인상을 우리에게 남겨준다는 것이다. 그리고 그것은 우리 대부분을 제거시키는데, 우리는 평범한 사람들이기 때문이

---

35 Ernest Boyer, *A Way in the World* (San Francisco: Harper & Row, 1984), pp. 76-94.

다. 우리의 영성은 평범하고 예측가능한 그리고 종종 반복되는 매일의 사건들 속에서 하나님을 바라보고 반응하는 것에 의존한다.

나의 어린 시절에서 가장 생생하게 기억나는 것 가운데는 아버지가 어느 토요일 나를 우리 동네의 소방서로 데리고 가서 나로 하여금 트럭에서 놀게 하셨던 것이다. 내가 세계에서 가장 위대한 소방수가 되는 꿈을 꾸고 있는 동안, 아버지는 조용히 서서 보고 계셨다. 이제 나는 아버지가 된고로, 그때 아버지가 다른 여러 가지로 그의 시간을 보내실 수 있었다는 것을 안다. 그러나 나와 함께 계심으로써 그는 이렇게 말씀하고 있었던 것이다. "아들아, 너는 함께 시간을 보낼만큼 소중하단다." 세월이 흘렀는데도, 그와 같은 사건들은 내 마음에 머물고 있는 것이다.

어떤 부모에게는 기저귀 가는 일이야 말로 가장 싫어하는 일일 것이다. 그런 일이란 어떤 "용감한 남자들"은 결코 하지 않겠다고 맹세한다는 말이 있다. 기저귀 가는 일은 즐겁지 않으며, 어떤 의미에서 품위를 떨어뜨린다고 느낄 수 있다. 그러나 다른 시야에서 보면, 그것은 깊은 영적 경험이 될 수도 있는데, 그 이유인즉 그 시간이야 말로 자신을 돌볼 수 없는 사랑하는 아이의 가장 기본적인 필요를 섬기는 시간이기 때문이다. 이런 관점에서 보면, 기저귀 가는 탁자는 예배의 장소로 전환된다. 왜냐하면 하나님은 희생적 사랑인 경우에 임재하시기 때문이다.

당신의 마음에 얼마나 많은 "평범한 시간"이 떠오르는가? 우리 모두는 이런 시간을 가지고 있다. 비결은 먼저 그 시간을 보고, 다음에 그것을 통하여 하나님을 보는 것이다. 이런 시간은 "한 번 더 하게 되면 비명을 지르겠다"고 작정한 일들을 포함한다. 이런 긴장된 순간들은 팽팽한 줄타기 줄과 같아서, 우리는 어느 쪽으로도 떨어질 수 있다. 만일 한 쪽으로 떨어지면, 우리는 비관적이고, 비판적이며 냉혹하기까지 될 수 있다. 그러나 하나님의 은혜로 반대 쪽으로 떨어진다면, 우리는 이런 일상적인 사건들 조차도 우리의 삶 가운데 나타나는 포괄적인 하나님의 뜻의 일부로 보게 될 것이다. 그리고 우리가 영성의 좁은 안목을 넘어서 우리의 나날에 하나님의 충만을 나타내는 것으로 옮겨 가려면, 이것은 우리에게 필수적이다.

소명

영적인 삶의 네째 국면은 소명의 신성을 아는 것이다. 이것은 우리 사회에서 노동의 개념이 바뀌고 있는 시점에서 특히 필요하다. 많은 사람들에게 노동은 개인적인 성취라기 보다는 경제적 수입의 수단이 되었으며, 따라서 사람들은 노동을 영적 삶을 얻고 표현하는 수단으로 간주하지 않는다.

소명(vocation)이라는 말은 "부르심"(to call)을 의미하며 "음성"(vocal)과 어원이 같다. 우리의 노동에 적용하면, 소명이란 우리가 하는 것은 누군가가 우리로 하여금 그 노동을 하라고 불러준 결과라는 사실을 함축해준다. 그리고 기독인들에게 그 "누군가"는 하나님이다. 이상적으로 볼 때, 우리의 노동은 우리의 자신, 우리의 재능 및 우리의 에너지를 세상의 어떤 특정한 장소에 적용하라는 하나님의 부르심의 결과이다.[36]

---

36 James Fenhagen, *Invitation to Holiness* (San Francisco: Harper & Row, 1985), pp. 67-72.

직업(job)이란 단어는 임무, 책임 또는 의무를 보다 강조하며, 소명이라는 개념 보다는 한 단계 아래이다. 그러나 매년 소명에서라기 보다는 직업 의식으로 일하게 되면 하나님이 의도하신 그런 영적 차원의 노동을 고갈시킬 것이다.

이것은 여러 가지 불행한 결과를 초래한다. 한 가지 불행한 결과는 매일의 삶에서 상당한 영적 진공(眞空)이 생긴다는 것이다. 하루에 일곱 내지 여덟 시간 동안 우리는 노동과 믿음 사이에 아무런 의식적인 연관을 맺지 못하며, 따라서 그것은 황량(荒凉)할 뿐이다. 또 다른 불행한 결과는 교회와 연관된 일만이 진실로 영적이라는 가정이다. 그 결과 평신도는 성직자들에 비해 이등급이라고 가정하게 되거나, 아니면 그들이 하나님을 위하여 무엇인가를 하고 있다는 확신을 갖기 위하여 가능한 한 교회의 많은 일들을 그들의 일정 속에 채워 넣는다.

영성이 요구하는 새로운 삶은 노동을 영성의 표현으로 간주할 것을 요청한다. 소명은 노동이 꼭 성취감을 부여하거나, 쉽거나, 아니면 공평할 것을 요구하지 않는다. 소명이 요구하는 것은 우리가 하나님을 만나는 수단으로 그리고 그분을 위해 봉사하는 수단으로 소명을 바라보는 것이다. 우리의 일상적인 노동은 성령의 열매—사랑, 희락, 화평, 인내, 자비, 양선, 충성, 온유, 절제—를 드러내는 최우선의 장소이다. 노동은 다른 사람을 사랑으로 대접하고 또 인류의 전반적인 선을 위하여 기여하는 장소이다.

영성은 우리에게 가능한 한 이런 마음 가짐으로 우리의 일에 몰두할 것을 도전한다. 그리고 우리의 직업상 그런 몰두를 허락하지 않는다는 결론에 이르게 되면, 우리가 하는 일을 위하여 하나님의 부르심을 들었는지 그렇지 않았는지를 물어야 할 때가 된지도 모른다. 혹자는 그들의 직업이 정말로 소명이 되기 위하여 그 부르심을 재고하지 않으면 안 될 것이다. 우리 영성의 상당 부분은 그 일을 영적 삶이라는 총체적인 그림 안으로 끌어들이고 있는 것이다.

이런 종류의 영성은 자동적으로 일어나지 않는다. 그 영성은 새로운 리듬, 삶에 대한 새로운 이해 및 소명에 대한 새로운 관점을 요구한다. 인생을 이처럼 다시 조정하는 것은 쉽지 않다. 예수님은 이것을 비교적 적은 사람들이 찾는 좁은 길에 들어서는 것과 같다고 하셨다. 그러나 그것은 그 길을 찾기 어려워서가 아니다. 그 길은 바로 우리 앞에 항상 있다. 아이러니컬하게도 우리는 그 길 한 가운데 있으면서 여전히 그 길을 놓칠 수 있다. 그러나, 예수님은 새로운 눈과 귀를 가지면 인생을 이처럼 새롭게 보면서 그 안으로 완전히 들어갈 수 있다고 일러주셨다. 주님, 그렇게 되게 하옵소서!

✝ 새로운 것이 더 낫다

그런즉 누구든지 그리스도 안에 있으면 새로운 피조물이라 이전 것은 지나 갔으니 보라 새것이 되었도다!　　　　　　　　　　고린도후서 5 : 17

침묵을 훈련하라

이 책을 읽는 동안 당신에게 다가온 새로운 아이디어들에 대해 생각해 보라.

명상을 훈련하라

새로운 것에 대한 매력은 그 자체가 영성의 표지는 아니다. 새로운 통찰력은 항상 역사적인 성경 진리와 관련시키도록 하라.

이 장에 묘사된 리듬은 우리로 하여금 삶에 대한 성경적 모형을 접근하게 한다. 당신의 생애에서 당장 어느 리듬이 아주 유익한가? 어느 것이 가장 필요한가?

결단을 훈련하라

하나님의 은혜에 의지하여 당신의 삶 가운데 믿음을 제한하고 구획시키는 장애물들을 제거하도록 결단하라.

기도를 훈련하라

당신이 하는 일을 당신의 믿음의 결집점으로 제공하라.

읽기를 훈련하라

시편 15편과 골로새서 3장 17절을 읽어라.

6

여행을 위한 준비

나는 신용 카드와 관련된 여행 클럽에 가입되어 있다. 이 여행 클럽의 서비스 가운데는 여행 준비를 돕는 일이다. 이 클럽은 여행을 위하여 가장 좋은 길을 지도에 표시해 주며, 숙소를 소개하며, 여행 중 즐길만한 곳들을 지적해 준다. 이 클럽은 만족스러운 여행을 위하여 적절한 준비가 반드시 있어야 된다고 믿는다.

내가 처음으로 혼자 해외에서 제법 긴 여행을 했을 때, 나는 선물과 기념품 구입을 계획하지 못했었다. 다른 말로 말하면, 기념품을 구입하기 위하여 가방을 더 사야하며, 그렇게 되면 모든 짐을 내가 운반한다는 것이 거의 불가능하다는 뜻이다. 여행 마지막 날, 나는 숙소에서 지하철까지 반 마일이나 모든 짐을 운반하지 않으면 안 되었다. 두 말할 필요도 없이, 그 거리를 걷는 동안 다음에는 어떻게 준비해야 될 지를 계획하고 있었다!

준비는 영성에서도 마찬가지로 중요한데, 그 이유는 영성이 들어가기만 하면 자동적으로 숙달할 수 있는 것이 아니기 때문이다.

우리가 일정한 자세를 취하고 열쇠가 되는 행위를 실천함으로 준비한다면 영적 발전이라는 우리의 여행을 크게 향상시킬 수 있다. 이 장에서 우리는 이러한 것들을 살펴보고자 한다.

수용성 (receptivity)

영성은 정신과 마음에서 기인하기 때문에, 자세를 먼저 다루고자 한다. 헨리 누웬은 영적 삶을 "주의 기울이기"라고 언급했다.[37] 이 말에는 하나님이 우리의 삶에서 말씀하며 또 역사하신다는 가정이 깔려있다. 만일 우리가 하나님의 계시에 의하여 형성되기를 원한다면, 우리는 그분에게 수용적(受容的)이어야 한다. 그런 주의력은 소극적이 아니라 적극적이다. 그것은 하나님의 임재의 증거들을 찾음으로 거룩한 연극에 의식적으로 참여한다.

나는 이 능력이 텔리비전에 의하여 둔해졌다고 느낀다. 여러분 가운데는 옛 라디오 프로그램을 듣던 기쁨을 나처럼 기억하시리라. 나의 옛 기억 중에는 부모님과 함께 앉아서 *아모스와 앤디*(Amos & Andy), *외로운 방랑자*(The Lone Ranger) 같은 프로그램을 들었던 것도 있다. 라디오는 우리로 하여금 적극적으로 참여하게 만들었다. 우리는 장면과 등장 인물을 창조하지 않으면 안 되었다.

대조적으로, 텔레비젼은 우리를 소극적인 방청객으로 만든다. *아모스와 앤디, 외로운 방랑자*가 방영되자, 모든 사람들은 등장 인물이 어떻게 생겼는지를 알게 되었고, 그 등장 인물은 모든 사

---

37 Nouwen, *Making All Things New,* pp. 21-22, 42.

람에게 똑같이 보였다. 우리는 더 이상 우리 마음 속에서 등장 인물을 창조할 필요가 없게 되었다. 우리는 볼 뿐이다. 만일 우리가 매달 십여 가지의 프로그램을 수 백 시간씩 소극적으로 보기만 한다면, 우리 안의 치명적인 필수적 요소, 곧 실제로 주의를 집중할 수 있는 능력이 쇠퇴된다.

결과적으로, 대중 매체 전문가들은 어떻게 광고를 삼십 초 내지 일 분 안에 삽입시켜야 되는 가를 알게 되었다. 저녁 뉴스조차도 어떤 한 내용에 삼분 이상을 거의 할애하지 않는다. 보다 긴 쇼라고 하더라도 빠르게 지나가는 장면들의 연속일 뿐인데, 각 장면은 상당히 짧은 순간 동안 지속될 뿐이다. 우리는 이제 짧은 순간의 정보와 오락을 기대할만큼 대중 매체에 길들여져 있으며, 따라서 어떤 장면이 길게 전개되고 발전되면 당장 지루함을 느낀다.

영성은 하나님의 임재를 좇아가기 위하여 우리의 일상 생활에서 일어나는 표면적 사건들 내면(內面)에 주의를 기울이고 찾아야 한다. 우리들 중 많은 사람들에게 그렇게 하려면 다소의 재정비가 필요할 것이다. 우리가 인생에 너무나 둔해졌다는 사실을 인정하고 시작하지 않으면 안 될 것이다. 우리는 우리 세대로부터 너무나 많은 영향을 받아서 인생을 매일 매일 우리 앞을 지나가는 불연속적인 사건들의 혼잡한 연속물(連續物)로 생각한다. 우리는 이러한 사건들에 대해 기계적으로 행동하고 반응한다. 우리의 첫 단계는 수동적인 관찰자에서 적극적인 관찰자로 바꾸는 것이리라.

우리는 어떤 사건을 하나 선택한 후 이런 질문을 하면서 이것을 시작할 수 있을 것이다, "이 사건에서 하나님은 어디에 계셨는가?"

그리고 우리는 계속해서 인생의 더 많은 것을 이 질문 속에 대입(代入)시켜야 한다. 예수님 당시의 사람들도 그분의 임재와 활동을 구분하는 데에 어려움을 겪었으며, 따라서 예수님은 그들의 일상 생활의 평범한 상황에 계시며, 심지어 그분을 기대하지 못했던 곳에도 계시다는 것을 일깨워 주시지 않으면 안되었다 (마태복음 25:31-46).

명상 (reflection)

우리의 수용성은 명상과 연결되어야 한다. 수용은 우리의 관찰 능력을 향상시킨다. 명상은 우리가 관찰한 것을 해석하게 한다. 수용은 계시적 사건을 제공한다. 명상은 우리로 하여금 그 사건 주변으로 가서 여러 가지 각도에서 그것을 보게 한다. 여기에서 누가? 무엇을? 언제? 어디서? 왜? 어떻게? 라는 질문들이 우리를 도울 수 있다. 명상은 다이아몬드를 빛을 향해 들고서 그것을 돌리면서 그 프리즘이 분산하는 다양한 색깔을 보는 것이다.

구체적인 실예를 하나 들어 보자. 내 가족과 나는 교회의 연례 피크닉에 간 적이 있었다. 그때는 축제, 놀이, 교제의 시간이었다. 그곳에 모인 백 여명은 모든 연령과 관계를 대표하고 있었다. 나는 이 '사건'을 돌이켜 보면서 이렇게 물었다. "그 피크닉에서 하나님은 어디 계셨을까?" 그 해답으로 두툼한 정보가 빠르게 머리 속으로 흘러들어 왔다. 그분은 우리가 지위나 인종이나 계급을 잊고 단순히 "그리스도 안에서 하나"가 된 순간에 임재하셨던 것이다. 우리가 세대 차이를 잊고 아이들과 어른들이 같이 게임을 즐길 때 그분은 우리와 함께 계셨다. 그분은 우리가 새로운 사람들을 맞아들이면서 그리스도의 몸 안에서 교제를 확대할 때 우리와 함께 하셨다.

명상은 우리로 하여금 크고 작은 사건들을 가지고 주의를 기울이게 한다. 우리 가운데는 명상을 노트나 일기에 기록할 수도 있다. 그러나 실제로 중요한 것은 명상은 우리에게 깊은 인상을 남겨준다는 것이다. 우리들 각자는 이러한 인상이 우리 안에 깊이 남게 하는 가장 좋은 방법을 찾아야 하며, 우리가 영적으로 성장하려면 그러한 인상이 우리 안에 들어와야만 한다.

우리의 명상을 의식적으로 기록해 두면 하나님이 우리의 삶에서 역사하신 특정한 방법들을 우리로 하여금 돌이켜 보며 또 기억하게 하신다. 나는 여러 해 동안 영적 일기를 기록한 사람을 안다. 이제 그는 십 여년 동안 그의 삶에 나타난 하나님의 역사에 대한 역사적 기록을 가지고 있다. 그가 이 자료를 읽어 나갈 때, 사건들이 그에게 살아날 것인데, 그 사건들은 하나님의 실재를 피부에 닿도록 기억나게 해주는 것들이다. 그런 기록의 수단이 없다면, 그는 이 자료의 대부분을 의식이라는 바다 밑에다 잃어 버렸을 것이다.

반응 (response)

하나님의 계시가 주어지는 의도는 우리로 하여금 적절한 반응을 유도(誘導)하기 위한 것이다. 이것이야말로 참된 영성이다. 우리는 보고 듣는 것에 의하여 실제로 변화되며, 형성되고, 지배된다. 사실상, 나는 모든 계시가 어떤 의지적인 반응을 일으키기 위하여 주어진다고 주장하고 싶다. 계시는 새로운 개념이나 믿음의 발전일 수도 있고, 아니면 새로운 활동의 시작일 수도 있다. 반응은 우리의 영적 삶 중심에 있다: 반응은 우리가 하나님과의 교제에 의미있게 참여하고 있다는 것에 대한 증명이다.

태도의 형성(attitude formation)은 영성을 위한 필수적인 준비이다. 그것은 우리가 사는 방법을 알리며 형성시키는 인생 안목의 발전이다. 나는 바울이 빌립보 교인들에게 "그리스도의 마음"을 품으라고 충고할 때 의미했던 것이 바로 이것이라고 믿는다. 우리도 역시 하나님을 알고 또 그분을 위하여 살 수 있게 하는 태도를 발전시켜야 한다.

그러나 태도만으로는 충분한 준비가 되지 못한다. 우리는 태도를 구체적인 행동들에 연결시켜야 한다. 혹자는 이러한 태도를 표현하는 방법을 영적 훈련이라고 한다. 또 혹자는 은총의 수단이라고도 한다. 그러나 무엇이라고 부르든 상관없이, 그것은 우리로 하여금 믿음의 삶을 영위하게 하는 구체적인 경건 활동이다. 뒤에 나온 글에서 나는 이 활동들을 묘사하기 위하여 영성의 역사적 개념을 사용하고자 한다. 이 개념은 경건의 사닥다리(the Ladder of Devotion)라고 불린다.

사닥다리는 성장과 진행을 암시한다. 사닥다리의 단은 구체적인 훈련이나 활동에 상응(相應)하는데, 그 단을 사용하면 영적 삶에서 위로 올라가게 해 준다. 나는 이러한 묘사에서 활동의 계급을 주장하려고 하지 않는다. 나의 요지는 구체적인 활동을 통하여 성장에 기여할 수 있다는 것이다. 그리고 영성에서 우리가 추구하는 바는 다른 것이 아닌 성장이다.

† 이제 영적 독서(spiritual reading)라고 불리는 훈련을 먼

저 다루고자 한다. 많은 자료에서 당신은 라틴 이름으로 *렉치오 디비나*(lectio divina)라 불리는 것을 발견할 것이다. 흔히 이것은 성경을 읽는 것과 관련되어 있으나, 다른 자료에도 사용될 수 있다. 기독교의 시발점부터 성경은 신앙과 실천을 위한 우선적이고도 표준적인 근원으로 인정되었다. 마틴 루터는 성경을 알아야 되는 필요에 대하여 다음과 같이 말했다, "당신은 성경이 다른 모든 책의 지혜를 바보로 만드는 책이라는 것을 알아야 합니다. 왜냐하면 어떤 책도 영생을 가르치지 못하며, 성경만이 그것을 가르치기 때문입니다."[38]

영적 독서는 우발적(偶發的)인 독서와는 다르다. 그 질(質)은 양(量)과 일치하지 않는다. 영적 독서는 시사 잡지나 정기 간행물 내지 가족용 서적을 읽는 것과 다르다. 수잔 무토(Susan Muto) 박사는 영적 독서를 다음과 같이 묘사한다, "슬플 때에 우리를 위로하고, 기쁨을 깊게 하며, 변화를 촉진하고, 우리의 실존 자체가 하나님을 향하게 할 수 있다. 영적 독서는 다른 말로 표현하면, 영적 삶에 자양분을 주는 그런 독서이다."[39]

그러한 독서는 시각의 전환을 필요로 한다. 그 목표는 정보가 아니라 형성이다. 우리가 불가피하게 건전한 방법론을 사용하고, 기술을 익히며, 지식을 늘이나, 이런 것들은 영적 독서의 일차적인 촛점이 아니다. 우리의 목표는 변화이다. 우리의 영적 독서를

---

38 John Doberstein, *Ministers Prayer Book* (Philadelphia: Fortress Press, 1959), p. 287.

39 Susan Muto, *A Practical Guide to Spiritual Reading* (Denville, New Jersey: Dimension Books, 1976), p. 11.

안내하는 중요한 단어는 *질, 깊이, 굴복, 명상이다*.40) 우리의 목적은 궁극적으로 성경을 정복하는 것이 아니라 도리어 성경이 우리를 정복하게 하는 것이다.

토마스 머톤은 이런 식의 독서가 "위험"한 것이라고 간주하였는데, 그렇게 하면 우리의 삶을 하나님의 말씀 앞에 열어 놓아야 하며, 그렇게 할 때, 우리는 기대하지 못한 경험을 가질 수 있기 때문이다.41) 그러나, 그런 경험은 두려워 할 것이 못되는데, 그 이유는 그 경험은 깨끗하게 하고, 새롭게 하며, 심화시키는 특성을 지니고 있기 때문이다. 우리가 말씀을 읽는 동안, 기대치 못한 차원의 경험은 말씀이 우리 영혼 자체를 감동시켰다는 사실이다.

나는 이 짧은 서론을 통하여 영적 독서가 호소력을 발휘했기를 바란다. 그러나 십중팔구 그렇게 되는 과정에서 몇 가지의 기본 단계를 설명해야 하리라. 첫째 단계는 *조명을 위한 기도*이다. 이 기도에서 우리가 읽고자 하는 말씀을 통하여 하나님이 말씀하시기를 구해야 한다. 기도는 짧고 간단하나, 성경이 우리 안에 생동감 있게 임하기를 간절히 갈구하는 표현이다.

둘째 단계는 본문을 *성급하지 않으면서도 체계적으로 읽는 것*이다. 이 본문은 보통 성경이지만, 경건 서적일 수도 있다. 성급하지 않게 읽어야 하는 까닭은 이미 정해 놓은 시간 내에 "독파"하려는 것이 아니기 때문이다. 목표는 만남이며, 따라서 우리가 하나님을 만났다는 것을 알 때까지 읽기를 원해야 한다. 어떤 날에는

---

40 M. Robert Mulholland, *Shaped by the Word* (Nashville: The Upper Room, 1985), pp. 53-54.

41 Thomas Merton, *Opening the Bible* (Collegeville, Minnesota: The Liturgical Press, 1970), p. 33.

성경을 여러 장 읽어야 하며, 다른 날에는 몇 구절만일 수도 있다. 우리는 미리 얼마를 읽어야 할지 정해 놓아서는 안 된다. 우리는 하나님을 추구하기로 미리 작정해야 하며, 그러면 느긋하고 여유 있는 마음이 생긴다.

영성은 체계적인 독서를 강조하는데, 이는 성경도 그런 식으로 기록되었다는 단순한 이유 때문이다. 모든 성경은 시작을 갖고 있으며 그리고 점진적으로 마지막을 향하여 전진한다. 체계적인 독서란 창세기부터 요한계시록까지 차례로 읽는 것이라기 보다는 한 권을 택하여 그 성경을 처음부터 끝까지 읽는 것을 의미한다. 이런 식으로 우리는 자료의 흐름에 익숙해 질 수 있는 좋은 기회를 갖게 된다.

세째 단계는 *발견의 감각*이다. 우리는 독서하면서 이런 질문을 한다, "이것이 전달하고자 하는 주된 진리는 무엇인가?" 여기에서 *렉치오 디비나*는 진지한 연구와 연결된다. 성경을 읽으면서 영성을 발전시키기 위해서는 지적으로 읽어야 가능하다. 사실, 우리가 이렇게 읽을 때, 성경에 없는 것들을 찾는 실수를 하지 않게 된다. 영적으로 독서하기를 원하는 사람은 마찬가지로 말씀을 잘 연구하는 사람이 되어야 한다.[42]

---

42 이 관점에서 나는 귀납법적 성경 연구 방법을 추천하기를 원한다. 귀납법적 방법은 성경의 본문에 근거하면서, 할 수만 있다면 적절한 곳에서 히브리어와 헬라어를 사용할 수 있다. 이 방법은 심층적(深層的), 개인적, 적용 지향적 접근 방법이다. 이 방법의 고전적 교재는 Robert Traina의 *Methodical Bible Study*이다. 초보자는 David Thompson의 *Bible Study That Works*나 William Lincoln의 *Personal Bible Study*를 사용하여 이 방법을 익힐 수 있을 것이다.

우리가 한 두 문장으로 문단의 주된 요점을 진술했을 때, 우리는 이런 질문을 할 수 있다, "이 진리는 어떻게 내 삶에 영향을 주고 있는가?" 거기에는 우리가 붙잡아야 될 약속이나 피해야 될 경고가 있을 수 있다. 우리의 삶에 적용되는 원리를 발견할 수도 있고, 꼭 필요한 모델이 되는 이야기나 비유를 발견할 수도 있다. 우리는 발견을 통하여 본문의 역사적이고 문자적인 의미를 깨닫고 또 그것을 개인적으로 적용하게 된다. 많은 사람들은 이처럼 삶에 영향을 미치는 말씀을 기록하기 위하여 일기나 노트를 가까이 둔다.

영적 독서의 네째 단계는 발견의 다음 단계, 곧 적용이다. 우리는 이렇게 묻지 않고 독서의 시간을 끝낼 수 없다, "어떻게 내가 이것을 내 삶에 실천할 것인가?" 여기에서도 역시 일기는 우리의 결단과 결심을 기록하는 매개이다. 그리고 그것은 나중에 우리의 명상을 위한 자료가 된다. 영적 독서를 통하여 우리는 "엄청난 가치의 진주"를 찾으며 또한 즉각적으로 그것을 실천하기 위한 방법을 모색하기 시작한다.

당신은 이런 종류의 독서를 어떤 경건 서적에서도 적용할 수 있는 방법을 찾을 수 있다. 그러나, 우리는 성경에 촛점을 두고 있는데, 성경은 모든 책 위에 있는 책이기 때문이다. 성경은 하나님의 말씀으로서 우리의 영성에 핵심적인 객관성을 제공하며, 우리가 다른 개념들을 읽고 들으면서 필요한 분별력의 기초를 제공하기 때문이다. 영적 독서는 우리로 하여금 많은 책을 읽게 할 것이나, 하나님의 책에 있는 본문이나 진리를 결코 떠나지 말아야 한다.

† 영적 사다리의 다음 계단은 묵상이다. 기도는 우리의 영성에

지극히 중요한 역할을 한다. 기도를 통하여 우리는 하나님과 인격적인 친교와 대화의 감각을 계발(啓發)한다. 영성의 실질적인 정의는 "하나님과의 사귐"이라는 것을 기억하라. 친구는 대화한다. 친구는 연락한다. 친구는 서로의 삶을 나눈다. 그것이 바로 기도이다. 그리고 기도는 우리의 영성에서 필수적인 요소이다.43)

묵상은 특별한 형태의 기도--그러나 우리의 시대에 잘못 이해되고 잘못 쓰여지는 기도--이다. 많은 사람들에게 묵상은 고삐 풀린 신비주의나 이국적인 환상 또는 이단적인 경험을 일으킨다. 우리는 묵상자가 마루에서 몇 인치씩 떠올라 다니며 주문을 흥얼거리는 것을 볼 수도 있다. 우리가 묵상을 피하는 것은 전혀 이상하지 않다!

비기독자적 환경에서의 묵상은 흔히 마음을 비우려고 노력한다. 기독인의 묵상은 마음을 채우는 과정이다. 비기독인의 묵상은 의식이 아무렇게나 흐르고 있다고 해도 과언이 아니다. 기독인의 묵상은 어떤 특정한 객관적 자료--성경에 있는 말씀, 이차적인 경건 서적, 찬송가, 역사적인 교리에 나오는 어떤 구절--를 집중적으로 명상한다. 묵상은 일종의 기도인데, 그것은 묵상이 우리로 하여금 하나님과 대화하게 하는 정신과 마음의 성향(性向)이기

---

43 불행하게도, 기독교 묵상은 동방 종교와 이단 사상의 침투로 오염되었다. 그 이유 때문에, 묵상을 피하는 사람들도 없잖아 있다. 그러나, 묵상은 성경이 분명하게 확인한 실용적인 활동이다. 올바르게 사용되면, 묵상은 우리의 영성을 크게 촉진시킬 수 있다. 다음의 저술은 묵상을 건전하게 이해하며 또 실천하게 해 줄 것이다: Richard Foster의 *Celebration of Discipline*, Thomas Langford의 *Christian Wholeness* 및 Harvey Seifert의 *Exploration in Meditation and Contemplation*.

때문이다.

그렇다면 당신은 어떻게 묵상하는가? 당신은 앞에서 묘사한 영적 독서와 어떤 연관이 있는 것을 금방 알아 볼 것이다. 그러나 몇 가지 특성을 추가하겠다. 당신이 묵상을 위하여 어떤 자료를 선택한 후, 첫 단계는 천천히 그리고 *주의깊게 한 단어 한 단어를 읽는 것*이다. 만일 당신이 이해하지 못하는 용어가 있으면, 시간을 내어 사전을 찾아보라.

둘째 단계는 자료를 자주 *반복해서 읽으면서*, 그때마다 다른 단어를 강조해 읽으며 숨어있는 의미를 찾도록 하라. 만일 당신이 성경을 읽고 있다면, 같은 구절을 여러 번역본으로 읽어라. 반복은 그 말씀을 당신의 머리에 심어줄 것이며, 그 말씀의 다른 부분을 강조해서 읽을 때 그 말씀이 참으로 많은 측면을 지니고 있다는 것을 알게 될 것이다.

셋째 단계는 *선택*으로서, 당신에게 아주 개인적으로 다가온 자료에 초점을 맞추는 것이다. 예를 들면, 빌립보서 1장 5절에서 바울은 "첫날부터 이제까지" 그와 동반자였던 사람들에 대하여 기록하였다. 이 말씀을 읽을 때, 나의 마음은 그 말씀에 붙잡혔다. 나의 인생에서도 그와 같은 사람들—내가 처음 기독인이 된 이후 나를 양육하여 준 사람들—이 있었다는 것을 깨닫게 되었다. 나는 남은 경건의 시간을 그들의 이름을 기억해 내면서, 나의 일기에 그들의 이름을 쓰고, 그들 한 사람 한 사람에 대하여 감사하며 보냈다.

선택은 당신이 묵상하고 있는 자료를 다른 자료와 비교하는 것일 수도 있다. 예를 들면, 나는 요한복음 1장 14절, "말씀이 육신이 되어 우리 가운데 거하시매"를 읽을 때는 언제나 이 구절에 관한 스탠리 존스의 여러 가지 개념들을 생각하였다. 이 말씀은 성육신이라는 주제에 대한 신학적 설명들을 연상시킬 수도 있다. 이 말씀은 "거룩, 거룩, 거룩"이라는 찬송과 연결될 수도 있는데, 그 찬송은 하나님이 "삼위 가운데 계신 분, 곧 복스러운 삼위일체"라는 사실을 연상시킬 수 있다. 이와 같은 선택은 우리의 묵상 경험을 강화시킬 수 있다.

마지막으로, 영적 독서와 마찬가지로, 묵상은 나에게 *책임과 행동*을 요구한다. 묵상은 항상 인생의 수정과 개선이라는 목적을 위하여 실행되며, 만일 인생이 허공에 떠있으면 열매를 맺지 못한다. 우리가 묵상을 마칠 때, 텅 빈 머리로서가 아니라, 하나님을 향하여 새롭게 변화된 마음으로 마쳐야 한다. 우리는 몽롱한 눈이 아니라, 보다 분명한 비전을 가지고 나와야 한다. 그리고 그런 이유 때문에 과거의 성자들은 그들의 영성에서 묵상을 핵심적인 요소로 삼았던 것이다.

† 다음의 사닥다리 단계는 자기 성찰(self-examination)이다. 영적 독서와 묵상을 통하여 우리는 하나님으로부터 의미심장한 감동을 받았다. 자기 성찰(省察)은 이런 질문의 과정이다, "이 모든 것은 나에게 어떻게 적용되는가?" 기독교 영성의 역사를 공부하면, 많은 성자들이 자기 성찰의 훈련을 매일, 대개는 저녁 때 실시한 것을 볼 수 있다. 그들 중 존 웨슬리와 조나난 에드워즈(Jonathan Edwards) 같은 사람들은 성찰에서 사용할 세심한 계획과 일련의 질문을 작성했다. 세심하든 간단하든, 그 훈련은 자신의 삶을 진리에 굴복하게 하기 위한 것이다.

어떤 사람들은 자기 성찰을 회피하는데, 그것 때문에 그들이 부정적으로 생각하게 될지도 모른다고 느끼기 때문이다. 우리의 인생을 하나님의 말씀에 비추어 볼 때, 우리는 제대로 잘 살지 못한다. 그러나 이런 이유 때문에 자기 성찰을 회피하면 우리는 그 요지(要旨)를 놓친다. 우리가 체온계를 던져버린다고 열이 내리지는 않는다. 마찬가지로, 우리의 문제에 관심을 두지 않는다고 해서 우리의 문제들이 사라지지는 않는다. 자기 성찰은 체온계처럼 우리 삶의 종합적인 상태를 읽을 수 있게 한다. 이것은 비난이나 판단이 아니라, 우리가 적절히 반응할 수 있는 평가이다.

자기 성찰은 균형을 이루어야 하는데, 만일 우리의 자존감이 낮거나 부정적으로 생각하는 경향이 있다면 특히 그렇다. 우리는 성찰의 시간을 마치기에 앞서서 성공과 승리도 자축(自祝)하는 은혜로운 기회도 가져야 한다. 같은 이유로, 우리들 가운데 자신의 허물을 잘 보지 못하는 사람은 변화되지 않으면 안 될 영역을 찾기 위하여 자기 성찰을 실시해야 한다. 이 두 종류의 사람들에게 공통적인 열쇠는 균형을 유지하면서, 부정적인 영역은 물론 긍정적인 영역에 적절히 주의를 기울여야 한다. 우리가 실패에만 주의를 기울이면 함정에 빠질 수 있다. 균형잡힌 성찰은 우리를 낙망과 좌절로 빠뜨리지 않는다. 그리고 피상적이고 고지식한 낙관론에도 빠지지 않을 것이다.

† 영적 독서, 묵상 및 자기 성찰의 과정은 우리를 봉사—우리가 다루기를 원하는 마지막 훈련인 봉사—로 인도한다. 영적인 삶은 반드시 외부로 표출되어야 한다. 그렇지 않다면, 영성은 내향적인 또 다른 자기 개발 프로그램에 불과할 것이다. 우리는 영적

독서, 묵상, 자기 성찰을 실시하면서 다음과 같은 개념에 접근하지 않을 수 없다: 참여, 선교, 섬김, 이웃, 도덕 등.

"하나님을 위한 우리의 마음"을 테스트할 수 있는 한 가지 방법은 그 마음이 우리 자신을 넘어가고 있는지 보면 된다. 하나님의 속성(屬性)은 자선을 확대하는 것이며, 따라서 그분이 우리 안에 내주(內住)하시면서 똑같은 욕구를 창조하신다. 우리는 성령의 전(殿)이나, 그 성령은 성전의 담 안에 갇혀 있는 것으로 결코 만족하지 않으신다. 바람처럼, 성령은 원하는대로 움직이신다. 그리고 우리의 돛이 올라가면 우리는 그분과 함께 움직일 것이다.44)

이 저서를 준비할 때는 영성과 관련된 태도와 활동의 포괄적인 목록을 제시할 의도가 없었다. 당신이 기독교의 경건 서적을 더 읽으면, 당신의 영성을 부요하게 할 다른 많은 개념과 훈련을 발견할 것이다. 나는 개인에 초점을 맞춘 준비에 필요한 요소들을 제시하려 했을 뿐이다. 다음 장에서, 나는 우리의 영성에서 다른 사람과 접촉하게 하는 요소들을 살펴보고자 한다. 왜냐하면 영성의 여행은 개인적이나, 그래도 그것은 홀로 하는 것이 아니기 때문이다.

---

44 Thomas Jackson, ed. *The Works of John Wesley*, 2권 (Grand Rapids: Baker Book House, 1979), pp. 203-237.

✝ 비용을 계산하자

너희 중에 누가 망대를 세우고자 할진대 자기의 가진 것이 준공하기까지에 족할는지 먼저 앉아 그 비용을 예산하지 아니하겠느냐?

누가복음 14 : 28

침묵을 훈련하라

기독교의 포괄성을 생각하라. 그 포괄성을 감소시키거나 경시하는 경향이 있음을 생각하라.

명상을 훈련하라

받기, 명상, 기록 및 반응을 포함하는 날을 하루 계획하라. 특히 영적 독서의 훈련에 집중하면서, 위의 네 요소를 사용하여 요한복음 1장 1-18절을 보라.

결단을 훈련하라

당신의 삶에 대한 균형잡힌 시각을 발견하고 유지하기 위한 수단으로써 자기 성찰을 정기적으로 할 것을 결단하라.

기도를 훈련하라

당신을 당신으로 만드신 하나님께 찬양과 감사의 기도를 기록하라. 그리고 고백과 탄원의 기도를 기록하고, 하나님께 당신의 거친 부분을 다루어 달라고 간구하라.

읽기를 훈련하라

시편 139편 23-24절과 고린도후서 3장 18절을 읽어라.

7

우리는 서로를 필요로 한다

신학교라는 공동체 안에서 살고있는 안수받은 성직자인 나는 매년 제법 많은 결혼을 집례하기도 하고 또 참석한다. 갈수록 더 많은 결혼식에 참여하면서, 나는 점점 이름의 의미에 깊은 인상을 받게 된다. 대부분의 경우, 신부는 신랑의 성을 갖는다. 어떤 경우, 신랑 신부는 새로운 결합의 상징으로서 그들의 성을 합친다. 어떤 경우이든, 이름을 짓는 행위는 결혼식에서 가장 의미있는 부분이다.

이 세상에 태어난 모든 사람에게는 이름이 주어진다. 우리는 사람의 정체성을 이해할 때 이름을 떠올린다. 우리가 받은 이름 때문에 우리는 한 가족 안에 위치(位置)하며, 평생 동안 그 가족이라는 정황에서 존재한다. 우리가 이 지상에 사는 동안 우리는 공동체 안에 있는 사람이며, 그 가족 공동체는 우리의 발전에 강력한 영향력을 발휘한다.

이러한 사회적 실재는 보다 깊은 영적 진리, 곧 영성을 위하여 지극히 의미심장한 진리를 반영한 것이다. 헨리 누웬이 표현한 것처럼, "'하나님의 뜻을 행하려 하는 *나* 개인을 하나님은 어디로 인도하시는가?'처럼 질문은 단순하지 않다. 질문은 보다 근본적이고 보다 의미심장하다, '하나님이 한 백성으로서 *우리*를 어디로 인도하시는가?'"45) 참된 영성(靈性)이 공동체라는 정황 안에서만 존재한다는 것을 영성은 인식하고 또 강조한다. 성령에 의하여 보다 깊이 이루어지기를 추구하는 개인들인 우리는 서로를 필요로 한다는 것을 인정한다.

영성에 대한 가장 큰 나의 염려는 그것이 개별화되고, 사영화(私營化)되고, 일반적으로 감추어진 경험으로 여겨질 수 있다는 점이다. 우리가 지금까지 다룬 훈련들 대부분을 혼자 *실시할 수* 있기 때문에, 영성과 기독자 성숙도 혼자 *성취할* 수 있다는 오해를 갖게 될 수 있다. 그러나, 우리가 지금까지 살펴본 것 가운데 *어느 것도* 공동체 내의 생활에 대한 헌신을 떠나서는 참될 수 없다.

내가 목회 사역을 하는 중 종종 사람들이 이런 말 하는 것을 들었다, "교회에서처럼 가정에서도 못지 않게 영적일 수 있다고 나는 믿습니다." 또는 "나는 성전에서처럼 정원에서도 진정으로 하나님을 경배할 수 있습니다." 물론, 이런 말은 언제나 공예배에 참석하지 않거나 교회 생활에 참여하지 않으려는 이론적 근거로 사용되었다. 지금 나는 영성의 영역에서 사역하고 있는데, 종종 개인적 헌신, 고독, 묵상 기간 등에 대하여 같은 식의 말을 듣는다. 그런 말은 어느 정도 진리를 담고 있는데, 특히 개인주의적 세대

---

45 Nouwen, *Making All Things New*, p. 87.

에서는 적절하게 들린다. 그러나 그런 말은 영적 삶의 실재를 이해하지 못한 것이다.

영적 삶의 타당성에 대한 가장 확실한 테스트는 그것이 우리 안에서 공동체에 대한 욕구를 일구어내는가 또는 아닌가이다. 하나님의 영이 개인에게서 역사하시면 언제나 하나님은 그 사람을 다른 사람들에게로 향하게 하실 것이다. 은둔자처럼 살았던 초기의 수도사들은 이 진리를 발견하였다. 베네딕트의 영향 아래 수도사들은 수도원이라 불리는 공동체 안으로 옮겨졌다. 만일 가장 고독한 영적 삶을 영위한 사람들이 공동체에 대한 필요성을 인식했다면, 우리도 마찬가지로 공동체의 중요성을 인식할 수 있으며 그러면서도 여전히 진정한 영성을 주장할 수 있을 것이다.

공동체를 발견하지 못하고 성경을 읽는 것은 불가능하다. 창조에서 조차도, 하나님은 아담이 홀로 있는 것이 좋지 않다고 하셨다. 그래서 하와가 창조되었고, 가족이 시작되었다. 홍수 때에, 한 가족이 구원받았고, 그들로부터 새로운 가족들이 생겨났다. 후에, 하나님이 아브라함과 맺은 언약은 그를 통하여 "큰 민족"을 만드는 것이었다. 구약성경의 나머지는 그 국가의 이야기로 읽을 수 있다.

신약성경이 시작되면서, 그 주제는 계속되는데, 마태와 누가의 확대된 족보는 유대 국민이라는 조직 속에 메시야의 출현을 묘사한다. 예수는 한 가정에 태어나셨다. 그분은 공생애를 제자들로 구성된 가족의 정황에서 보내셨다. 오순절날, 그 제자들은 교회의 탄생을 통하여 더욱 가깝게 묶여졌다. 그리고 신약성경의 나머지는 그 교회의 발전과 확장의 이야기이다. 요한계시록조차도 공통체 안에 있는 삶이 하늘 나라에서 영원히 계속될 것을 보여준다.

기독인은 진실로 "하나님의 가족"이다. 우리의 영혼 안에서 하나님의 생명을 경험한다는 것은 공동체 속으로 이끌려지는 것이다. 우리가 장소를 옮길 때마다 한 공동체에서 다른 공동체로 인도되는 것이다. 이 땅의 생명이 끝날 때 우리는 한 공동체에서 다른 공동체―가시적(可視的) 교회에서 비가시적 교회―로 옮겨지는 것이다. 사람들이 이런 비전을 깨닫고 그 실재를 경험하지 않는다면 그 영성은 참된 것일 수 없다.

이 장에서, 나는 공동체 삶의 특성에 대하여 일반적인 촌평을 몇 가지 하기를 원한다. 그리고 두 번째로, 나는 이 공동체가 일어날 수 있는 몇 가지 기본적 모델을 묘사하고자 한다. 나는 이러한 묘사 때문에 당신이 지금 속해 있는 공동체를 더욱 감사하게 되기를 바란다. 그러나, 만일 당신이 어떤 생명력 있는 기독인 교제의 일원이 아니라면, 당신의 영적 성장의 핵심적 차원으로서 공동체의 일원이 되는 계기가 되었으면 한다.

공동체의 특성

우리는 공동체가 저절로 일어나는 것으로 생각해서는 안 된다는 말로 시작하고 싶다. 당신들 가운데는 칠십 년대에 있었던 대학생 선교회(Campus Crusade)의 "나는 그것을 찾았다"(I Found It)는 운동을 기억하는 사람이 많을 것이다. 이 운동은 사람들을 기독교의 믿음으로 인도하려는 강력하고 전국적인 복음적 노력이었다. 방송 행사, 광고 게시판, 그리고 자동차 광고 스티커까지도 모두 그 주제를 전달하려고 하였다. 십 년도 더 지났는데도, 나는 여전히 그 대규모의 프로그램을 통하여 기독인이 된 사람들을 만난다.

그러나, 그 "나는 그것을 찾았다"는 프로그램의 지도자들은 그들이 부딪친 가장 큰 문제는 회심자들을 지역 교회로 흡수시키는 것이라고 시인하였다. 아주 많은 사람들이 개인적으로는 회심되었으나 실제로 교회 생활로 연결되지 못하였다고 보고되었다. 남서부에 있는 어떤 큰 도시에서 이 프로그램의 양육 분야에서 사역한 사람이 나에게 들려준 이야기에 의하면, 그는 회심을 보고한 사람들에게 전화를 걸어서 그들이 신앙의 발전을 계속할 수 있는 인근 지역의 지역 교회를 소개하였다. 어떤 때는 그가 말을 끝내기도 전에 전화를 끊어버리는 사람도 있었다. 그리고 어떤 때는 그런 정보를 주어서 고맙다고 하는 사람들도 있었는데, 그러나 그들은 기독교 교회의 일원이 될 의향이 전혀 없다고 선언하였다.

삼십 여년이나 세계적으로 전도 집회를 인도한 빌리 그래함(Billy Graham)은 여전히 회심자를 지역 교회로 흡수시키는 문제로 고심하고 있다. 내가 알고 있는 모든 교회 밖의 조직은 그런 흡수를 위한 헌신과 구조를 가지고 있다. 문제는 조직이라기 보다는 개인에게 더 있다. 우리 모두는 개인적 헌신으로 충분하다고 너무 쉽게 생각한다. 이것은 많은 큰 교단이 공동 생활에 미지근하거나, 약간의 독립 교회가 광신(狂信)에 가까운 신앙 생활을 할 때 더욱 사실이었다. 이러한 이유 때문에 많은 사람들은 기독교를 개인적인 것으로 선택하게 되었다.

우리는 고립 지향적인 경향을 경계해야 한다. 공동체는 선택의 여지가 있는 것이 아니다. 공동체는 우리가 자동차를 위해 사는 악세사리--좋기는 하지만 꼭 필요한 것은 아닌 악세사리--와 같은 것이 아니다. 공동체는 기독인 됨됨이의 일부이다. 왕되신 그리스도의 추종자가 된다는 것은 그 나라의 일원이 되는 것이다. 그리스도 몸의 한 구성원이 된다는 것은 교회의 모습을 통하여 그 헌신을 표현하는 것이다. 영적 실재를 유형적(有形的)으로 만드는 것은 하나님을 기쁘시게 하는 것이다; 교회는 세상에서 하나님을 가시적으로 나타내는 곳이다. 하나님과 동행하는 사람들은 교회에 헌신될 것이다.

† 둘째, 우리는 공동체와 일치성(compatibility)은 동의어가 아니라는 것을 기억해야 한다. 헨리 누웬은 그것을 이렇게 잘 표현한다, "공동체는 우리를 함께 부르신 하나님께 근거를 두고 있지, 서로를 향한 사람들의 매력에 두고 있지 않다."46) 누구 못지 않게 기독교 공동체를 많이 연구한 디트리히 본회퍼(Dietrich Bonhoeffer)는 상호간의 매력과 애정이 진정한 기독교 공동체의 기초가 될 수 없다는 것을 인정했다. 그는 "다른 사람과 나누는 공동체는 그리스도가 우리 모두를 위하여 하신 사역에서만 존재한다"는 것을 알았다.47)

이것은 오늘의 기독인들을 위해서 아주 필요한 말이다. 나는 전국을 다니면서 좋아하는 사람들과 함께 지내기 위해 공동체를 이루려고 하는 기독인들을 만나고 듣는다. 종종, 우리는 우리가 너무 좋아하는 것을 근거로 하여 목사를 임명하고 초청한다. 우리는 좋아하는 사람들과 더불어 주일학교를 시작한다. 사람들은 "우리

---

46 Ibid., p. 83.

47 Dietrich Bonhoeffer, *Life Together* (San Franscisco: Harper & Row, 1954), p. 25.

가 이분을 더 좋아한다"는 근거를 가지고 교회와 교단조차 바꿀 것이다. 그리고 나는 우리가 좋아하는 사람들과 공동체와 교제를 추구하는 것을 반대하지는 않지만, 이것이 기독교 공동체의 *근거*가 될 수 없다는 사실을 시인한다.

공동체를 위한 근거는 당신과 내가 같은 주님을 따르는 사람들이라는 사실이다. 만일 하나님의 섭리 가운데서 우리가 함께 모이게 된다면, 우리는 그것을 받아들여야 하고, 성령으로 하여금 우리 가운데서 공동체를 창조하시도록 해야한다. 이 공동체는 부분적으로 우리의 호감과 애정에 의하여 굳게 될 수도 있으나, 거기서 멈출 수는 없을 것이다. 공동체는 차이점 가운데서도, 어떤 때는 대립 가운데에서도 존재한다. 공동체는 계속적 행복과 안락의 보증이 아니다.

우리는 인간의 가족 생활에서 교훈을 얻을 수 있다. 우리는 우리의 가족을 선택하지 않았다. 그리고 우리 대부분은 지금보다 더 완벽한 가족을 상상할 수 있다. 가족의 정황이라는 공동체는 상호 간의 일치성과는 거의 관계가 없다. 사실, 우리가 일치성이 귀하고 소중하다는 것을 발견하게 되는 나이나 단계가 있다. 가족 안의 공동체는 차이를 통하여 역사하고 갈등을 통하여 지속되는 매일 매일의 헌신에 의해서 지탱된다. 이런 이유 때문에 기독인의 결혼 예식은 황홀한 감정보다는 헌신의 서약에 근거를 둔다.

같은 마음, 상호간의 애정, 교리상의 일치, 느껴진 필요(felt need) 등의 기초 위에 형성된 공동체는 반드시 조만간 붕괴된다. 일치성은 진정한 기독교 공동체를 위해서는 빈약한 기초이다. 사람들 안에서 그리고 사람들을 통하여 역사하는 하나님의 은혜가 바로 교회의 기초이다. 진정한 기독인 둘이 만난다면 그들은 함께 공부하고, 예배하고, 기도하고, 봉사하고, 행동할 수 있어야 한다. 우리가 그렇게 하지 못하는 상황이라면 우리는 아직도 공동체에 대하여 더 배워야 하는 것이다.

† 셋째, 진정한 공동체는 결코 스트레스나 긴장이 없는 곳이 아니다. 사실, 기독인들이 진정한 공동체를 이루려는 곳에는 어디에든 "성장의 고통"(growing pains)을 동반한다. 미리암 머피(Miriam Murphy) 자매는 기도 생활에 관한 현대 작가인데, 공동체 안에서 문제를 일으키는 자연 발생적인 긴장의 목록을 다음과 같이 나열한다: 여러 위원회에의 참여, 의사 진행에의 속박, 집단의 압박(group pressure), 순박성 및 집단 활동(group dynamics)의 자연적인 과정.48) 이 작가에 의하면, 아가페 사랑만이 사람들을 공동체에서 결집시킬 수 있다.

사역을 하는 동안, 하나님은 나에게 주요한 교단에 속한 교회를 떠나 독립 교회로 옮기려는 사람들을 위하여 일하게 하셨다. 내가 감지(感知)한 것 중에는 사람들이 교제권에서 사랑을 느끼지 못하거나 다른 사람들에게 사랑을 표현할 수 없다고 느끼는 곳을 떠나는 경향이 있다는 것이다. 이것은 너무나 비극적이지만 동시에 해롭기조차 한 것도 내포되어 있는 것이다. 사랑을 표현할 수 없기에 떠나는 사람은 흔히 새로운 집단을 사랑하기가 쉽지 않다는 것을 경험한다. 다른 말로 하면, 그들을 첫 장소에서 떠나게 한 이 사랑의 결핍은 놀랍게도 새로운 장소에서도 반복될 것이다. 왜

---

48 Miriam Murphy, *Prayer in Action* (Nashville: Abingdon Press, 1979), pp. 77-78.

냐하면 그들은 "약속된 땅"을 향하여 방향을 잡았다고 착각하였기 때문이다. 사랑의 좌절이 문제가 되면, 장소나 사람의 변화는 해답이 아니다.

이것은 공동체와 어떤 연관이 있는가? 그것은 긴장이나 어려움 때문에 장소를 옮겨서는 안된다는 것을 의미한다. 그런 것들 때문에 공동체가 파괴되는 것은 아니다. 사실, 그 문제들을 지혜롭게 다루고 조절하면, 오히려 공동체를 강화시킬 수 있다. 공동체를 파괴하는 것은 사랑의 감퇴(減退)이다. 우리가 서로 사랑할 수 없을 때, 우리를 함께 묶을 수 있는 것은 달리 없기 때문이다. 이 의미는 우리가 공동체를 구축(構築)할 때 서로를 사랑하면서 성장해야 한다는 것이다. 그렇지 않으면, 집단 생활에서 자연적으로 생기는 문제와 긴장은 쇠퇴와 죽음의 통로가 될 것이다.

† 넷째, 공동체는 등급(degrees)으로 표현된다. 토마스 켈리는 어느 누구도 한 사람이 "모든 헌신된 영혼들을 그의 영역 안에서 불변의 교제로 그리고 똑같이 생생하게 지탱할 수 없다"고 기록하였다.49) 모든 공동체 안에는 다양한 강도(强度), 깊이 그리고 정규(正規)의 관계들이 있을 것이다. 이것은 건전한 공동체 생활의 징조이며, 따라서 질투나 경쟁의 근원이 되어서는 안된다.

이것은 반드시 언급되어야 하는데 그 이유는 기독교 공동체가 동등한 관계를 반영해야 된다는 주장이 있기 때문이다. 지도자들은 특히 "편애를 보이며" 그리고 "파벌을 조성한다"는 비판을 받아야 한다. 두 말할 필요도 없이, 이것은 공동체에 있는 위험한 요소로서, 주의깊게 조절되고 세심하게 피해야 한다. 그러나 동시에,

---

49 Kelly, *A Testament of Devotion*, p. 85.

공동체의 구성원들은 지도자가 모든 사람을 아주 똑같이 관계하거나 구성원들이 서로를 아주 동등하게 사귈 수 있다는 잘못된 생각에 빠져서도 안 된다.

오히려, 우리가 공동체 안으로 들어갈 때, 우리는 하나님의 선물로서 우리를 기다리는 작은 특별한 관계를 추구해야 한다. 이런 특별한 친구들이 하나님 은혜의 통로가 될 때가 올 것이다. 지금 당장, 당신은 당신이 속한 믿음의 공동체에서 그런 몇 사람의 이름을 댈 수 있는가? 그리고 당신은 그 그룹에서 다른 사람에게 바로 그런 역할을 하고 있는가? 이것이야말로 기독교 공동체에서 자연스럽고도 필요한 부분이다.

이런 소수의 사람 속에서 나오면, 당신은 중요하지만 덜 의미있는 관계를 발견할 것이다. 그런 사람들은 자극, 후원 및 기쁨—모두 공동체에서 없어서는 아니될 요소들—을 제공한다. 마지막 단계로, 당신이 얼굴만 알고 있는 사람들이 있을 것이다. 그러나 그들도 역시 중요하다. 왜냐하면 그들은 기독교의 실재와 많은 사람이 당신과 비슷한 순례의 길에 있다는 사실을 알려주기 때문이다.

† 이러한 개념은 공동체가 일정한 개인들 간의 접촉 횟수에 의하여 결정되지 않는다는 사실과 연결된다. 횟수는 바람직하나 본질적이지 않다. 다시 한 번 토마스 켈리는 이런 관점을 제시한다, "여러 주, 여러 달, 그리고 여러 해가 지나도 실재는 밝혀지지 않을 수 있다."[50] 이런 개념 때문에 공동체의 형성에서 정규적인 접촉이 보잘 것 없는 역할을 한다는 뜻으로 잘못 해석해서는 안 된다. 그러나 정말 중요한 것은 공동체의 진수가 기회 있을 때마다

---

50 Ibid., p. 87.

"함께" 모이는 것에 있지 않다는 사실이다.

　나는 신학교에서 공동체를 구축하려고 애쓰는 모습을 눈여겨 본다. 제일 먼저 떠오르는 문제는 이것이다, "우리는 얼마나 자주 모여야 하는가?" 그 질문 밑바탕에 흐르는 생각은 자주 모일수록 그만큼 더 좋은 공동체가 된다는 것이다. 횟수는 공동체의 초기에 더 필요할지 모른다. 그러나 공동체가 발전하고 성숙할 때, 횟수 를 지배적인 원리로 삼아서는 안 된다.

　지니와 내가 신학교를 다닐 때, 우리는 다른 세 부부와 의미있 는 그룹 관계를 형성했다. 오늘까지 이 사람들은 소중한 친구들이 다. 비록 우리 모두는 서로 멀리 떨어져서 살고 있는데도 말이다. 그러나 우리는 가능한 한 자주 모여야 한다는 잘못된 생각 때문에 관계를 거의 깨뜨릴뻔 했었다. 일주일에 한 번씩 모이는 그룹 모 임은 보통 몇 시간씩 지속되었으며 주중에는 다른 사교적 접촉으 로 확대되었다. 우리는 서로에 의해서 지쳐버렸다. 다른 사람들과 의 관계는 축소되었고, 우리의 공동체 감각은 근시안적으로 되었 다. 그것도 모른체 우리는 서로를 질식시키고 있었다. 하나님의 은혜로, 마침내 우리는 이것을 깨달았고, 공동체와 우정을 살리기 위하여 만남의 시간을 축소하였다.

　공동체가 상당한 기간을 두고 띠엄 띠엄 모일 때, 회원들 간에 친밀감이 덜 느껴지며 따라서 슬픔이 될 수도 있다. 그러나 공동 체 자체는 파괴되지 않는다. 그 그룹의 한 부부는 거의 만나지 못 하나 이 지구상에서 우리의 가장 친한 친구이다. 함께 모일 때 우 리는 공동체의 깊이와 실재를 느낀다. 마치 우리가 한 번도 서로 떨어지지 않은 것처럼 느낀다. 물론, 우리는 많은 것에 관하여 나누지 못했기에 만나면 자연히 나눌 이야기가 많다. 그러나 관계는 거기에 존재한다! 그리고 그것이야말로 진정한 공동체—특히 우리에게 가장 가까운 사람들 사이—를 위하여 중요한 시험이자 증명이다.

결혼 전문지는 부부가 서로에게 스페이스(space)를 줄 필요를 강조한다. 부부는 친밀과 친교의 시간을 필요로 한다. 그러나 부부는 혼자 있는 시간, 개인의 취미를 계발하는 시간, 상대방의 영향이라는 그림자 밑에서 벗어나는 시간 등을 요구한다. 기독교 공동체의 형성에서도 마찬가지이다. 디트리히 본회퍼는 그의 고전적 저술, 『함께 나누는 삶』(Life Together)에서 이것을 묘사하면서, 어떻게 공동체가 모였다 헤어졌다 하는 리듬을 통하여 구성되는 가를 보여준다. 그는 공동체란 결코 고독의 대치(代置)가 아니라는 강력한 요지(要旨)를 표현한다. "많은 사람은 혼자 있는 것을 두려워하기 때문에 교제를 찾는다. 그들은 고독을 감당할 수 없기 때문에, 다른 사람들과의 교제를 추구한다."51)

† 여섯째, 공동체는 성례전의 교제에서 양육된다. 이것은 참된 영성이란 항상 교회와의 관계에서 표현된다는 것을 의미한다. 뿐만 아니라, 그것은 공동체의 초점이 그룹이 아니라 하나님이라는 것을 의미한다. 그리고 그룹의 생명은 독창성이나 건전한 활력에 의하여 오는 것이 아니라 하나님의 은혜에 의해서 온다는 것을 의미하기도 한다. 은혜는 그룹에 혼을 불어넣는 비가시적인 요소이다. 십중팔구 당신은 적절한 기능을 모두 가지고 있으면서도 생

---

51 Bonhoeffer, *Life Together*, p. 76.

동감이 없는 그룹에 참여한 적이 있을 것이다. 마찬가지로, 기교적인 약점에도 불구하고 활기에 넘치는 그룹에 참여한 적도 있을 것이다. 차이는 물론 하나님의 은혜이다.

영성에서 이런 성례전적인 차원은 본질적이다. 영성을 우리가 앞에서 언급한 것처럼 개인적인 경험으로 전락시키지 않으려면, 영성에서 이런 성례전적인 차원은 본질적인 것임을 이해해야 한다.52) 당연히, 교회의 성례전은 공동체에서 실행된다. 성례전은 공인되지 않은 사람에 의하여 실행되어서는 안 되는데, 성례전은 교회라는 몸에 속하기 때문이다. 이 사실 하나만으로도 성례전이 공동체 생활과의 관계에서 얼마나 중요한 가를 알려준다. 이 중요성은 다음의 몇 가지 의미심장한 방법을 통하여도 알 수 있다.

세례를 통하여 우리는 하나님의 가족으로 들어간다. 바로 여기에서 교회와 수세자(水洗者)는 하나님의 은혜가 모든 사람의 생애에 미친다는 사실을 증거한다. 그 은혜의 초점은 십자가인데, 거기에서 하나님은 우리들이 태어나기 여러 세기 전에 벌써 우리를 부르셨다. 세례를 통하여 그 은혜에 믿음으로 응답한다는 것은 우리가 그리스도의 길을 따르며 동시에 우리를 그분의 공동체와 일치시키기를 의식적으로 선택한다는 것을 가리킨다. 이미 가족인 우리들에게, 세례는 새로운 사람을 교제 안으로 받아들이며 동시에 하나님의 은혜가 계속해서 사람들을 부르고 있다는 사실을 찬양하는 신성한 행위이다.

일단 이 교제 안으로 들어오면, 그때부터 성찬식이 특히 중요하

---

52 Kendall McCabe, "Spirituality and the Sacraments," *Doxology* magazine, vol. II. 1985, p. 18.

다는 사실을 우리는 발견하게 된다. 성찬식에 참여할 때, 우리의 공동체 의식은 다음의 몇 가지 의미심장한 방법으로 깊어진다.

첫째, 우리는 우주적 교회에 참여하고 있는 것이다. 모든 시대의 기독인들도 이 성찬식에 참여했다. 성찬식은 우리 기독인이 서로 연결되어 있다는 사실을 가장 실체적(實體的)으로 표현하는 수단이다. 성찬식은 우리들을 세상에 있는 모든 다른 기독인들과 천국에 있는 성도들과 묶어준다. 우리가 성찬식에 참여할 때만큼 서로 가까와질 때는 없다.

둘째, 우리는 예수가 개인적으로 우리의 필요를 채워주고 집합적으로 교제를 강화하기 위하여 참으로 우리 가운데 임재하시고 있다는 사실을 인정하는 행위로서 함께 무릎을 꿇는다. 기독인들은 그리스도가 성찬식에 임재하시는 방법에 대하여는 의견을 달리할 수 있으나, 우리 모두는 그분이 그곳에 어떤 방식으로든지 임재하시는 사실을 믿는다. 성찬식은 시시한 예식이 아니다. 성찬식이라는 스스로 세우신 예식을 통하여 우리를 그리스도에게로 이끄신다. 그분은 우리를 성찬식에서 만나시고 우리의 필요에 따라 우리 영혼을 만족시키신다.

그리고 셋째, 우리는 성찬식을 통하여 영광--천국에서의 완벽하고, 중단 없는, 영원한 영광--을 미리 맛본다. 성찬식의 참여는 이 땅에서 형성된 공동체가 영원히 지속될 것을 상기시킨다. 떡과 포도주를 받는다는 것은 천국 잔치--하나님의 모든 성도가 완벽하고 중단 없는 교제에서 누리는 잔치--를 미리 맛보는 것에 불과하다. 성찬의 식탁에서 맛보는 우리의 연합은 우리가 이 지상에서 경험하는 어떤 것보다 탁월한 천국 연합의 그림자이다. 이곳에서의 성찬식은 그곳에서 우리가 행할 것을 위한 중요한 준비이다.

이 모든 것은 영성의 일차적 수단인 예배라는 정황에서 일어난다. 도날드 새일리어스(Donald Saliers) 박사는 영성과 예배의 관계를 이렇게 묘사한다: "예배의 일차적 가치란 예배를 정규적으로 기념하게 하는 것이다."53) 기도, 찬송, 설교 및 성찬식을 통하여 우리는 우리의 유산, 우리가 경험한 믿음, 우리를 함께 묶는 교제, 그리고 우리가 믿는 자로서 결정한 목표와 목적을 기억해야 한다.

그리고 공동체에 관한 한, 건망증은 일차적인 부식(腐蝕)의 요소이다. 우리는 무엇보다도 우리들을 함께 묶은 것이 무엇인지를 잊는다. 우리는 하나님의 은혜를 의존해야 된다는 사실을 잊는다. 우리가 주님께 얼마나 소중한가를, 그리고 서로에게 얼마나 특별한가를 잊는다. 우리는 무엇을 위하여 존재하는가를 잊는다. 그리고 그 목록은 계속된다. 기념의 행위인 예배는 공동체의 유지를 위하여 너무나 소중하다. 우리가 이런 종류의 예전적 교제를 필요로 하는 것은 우리 각자의 영혼의 건강을 위하여 뿐 아니라, 건강하고 성장하는 집합체의 관계를 위해서도 그렇다.

† 이제 공동체에 관한 일곱 번째이자 마지막 사항을 보자. 공동체의 목표는 보다 많은 복종이다.54) 그밖의 모든 것은 중요하지 않은 것은 아니지만 이차적이다. 우리는 서로를 필요로 하는데, 이는 교제를 통하여 우리의 믿음을 보다 활력 있게 그리고 지속적으로 생활화할 수 있기 때문이다. 공동체는 복종 때문에 생기

---

53 Donald Saliers, *Worship and Spirituality* (Philadelphia: Westminster, 1984), 1장.

54 Nouwen, *Moking All Things New*, p. 80.

고 융성하게 하는 다음의 요소를 제공한다: 연합, 책임, 격려, 교정, 교훈 및 지지 등.

예수님은 제자들을 파송하실 때, 둘씩 짝지어 보내셨다. 복수에는 강점이 있다—그들은 서로를 세울 수 있으며, 상처에 약을 발라줄 수 있고, 웃음과 재미를 제공할 수 있다. 그들은 우리가 포기하거나 돌아가고 싶은 유혹에 빠질 때, "거기에서 견디어 내라!"고 말해 줄 수 있다. 나는 공동체 때문에 혼자일 때보다 강한 믿음을 갖게 된다고 종종 말한다. 왜냐하면 다른 사람들의 경험과 간증을 통하여 개인이 경험할 수 없는 하나님과 기독교의 측면들을 발견한다. 공동체를 통하여 나는 예수님을 보다 많이 순종하면서 따르게 된다.

공동체의 모델들

공동체의 가치에 대하여 말하고 싶은 것은 이 이외에도 훨씬 많다. 나의 목적은 모든 것을 나열하는 것이 아니라, 동기를 부여하는 것이다. 공동체가 영성에서 필수불가결의 요소라는 것을 당신이 확신할만큼 충분히 언급했기를 바란다. 충분하다면, 필연적으로 이런 것이 다음 질문이 될 것이다, "내가 어떻게 이런 종류의 공동체에 참여할 수 있는가?" 지금부터 이 장 끝까지 나는 어디에서 공동체를 찾고 향유할 수 있는지 아주 기본적인 모습을 제시하고자 한다.

† 나는 그것이 발생하는 일차적인 장소는 가정이라고 믿는다. 나는 이 장을 결혼식으로 시작했는데, 왜냐하면 결혼이야말로 새

가정을 위한 시발점이 되기 때문이다. 그리고 결혼을 통하여 두 가족이 합하여 새로운 단위로 창조되는 것이다. 하나님의 질서에서 가족은 지구상에서 기본적인 구성 단위가 된다.

불행하게도, 이 단위는 우리 사회에서 공격을 받고 있다. 1990년경엔 미국에서 어린이들 중 절반은 적어도 얼마 동안 결손 (single-parent) 가정에서 살게 될 것이라고 추정되었다. 그리고 보다 많은 전통적인 가정에서 부부는 이혼과 재혼을 경험할 것이다. 사회학자가 말하는 것처럼, 그런 현상은 사회에 깊은 영향을 줄 것이다. 뿐만 아니라, 그런 현상은 필연적으로 사람들의 영성에도 영향을 줄 것이다.

아직은 다행히도 건전하고 전통적인 가정의 정황에 속해 있는 사람들은 그것을 당연지사로 여겨서는 안 된다. 그리고 비록 독자가 혼자 사는 부모나 재혼한 사람으로서 이 글을 읽는다손치더라도, 당신 가족의 영향을 결코 과소평가하지 말라. 사랑하는 사람들을 통하여 하나님은 당신의 여생(餘生) 동안 당신에게 영향을 미칠 본질적으로 개인적이고 사회적인 요소를 전달하기 위하여 역사하시고 있는 것이다.

기독교권에서, 우리는 종종 영성을 가정 예배와 관련지어 토론되는 것을 듣는다. 나는 가정 예배의 중요성을 인정하고 싶다.55) 그러나 나는 가정 예배를 드리는 짧은 시간만을 묘사하기보다는 가정 형성이라는 보다 큰 그림을 묘사하기 원한다. 가정 공동체의

---

55 가정 예배를 촉진시키는 유용한 자료로서 다음의 것들이 있다: Rosalind Rinker, *How to Have Family Prayers*와 Evelyn Blitchingdon, *The Family Devotions Idea Book.*

중요성은 가족이 함께 예배로 보내는 시간에 국한시킬 수 없다. 왜냐하면 가정은 그런 예배보다 훨씬 더 큰 것이기 때문이다.

이것은 가정에서 영성을 위하여 저술된 저서는 아니나, 나는 떳떳한 양심으로 가정과 관련된 중요한 요소들을 나열하지 않을 수 없다:

1. 가정은 돌봄과 양육의 장을 제공한다.
2. 가정은 주는 것의 필요와 복을 가르친다.
3. 가정은 삶의 목적을 위한 세계관과 비전을 창조한다.
4. 가정은 그 구성원들로 하여금 탄력성과 융통성을 발전시키게 해준다.
5. 가정은 부모의 "해방의"(letting go) 경험을 촉진시킨다.
6. 가정은 건전한 의존의 의식과 다른 사람들에 대한 감사의 느낌을 창조한다.
7. 가정은 우리들로 하여금 일상적이고도 평범한 삶의 가치를 인정하고 감사하는 것을 가르친다.
8. 가정은 우리에게 과거와 미래를 연결하는 감각을 준다.
9. 가정은 개인이 성장하고 성숙할 수 있는 공간을 허락한다.
10. 가정은 우리를 훈련시켜서 현재의 삶을 영위하면서 동시에 그 삶을 발전시키고자 하는 동기를 부여해 준다.
11. 가정은 우리에게 용서의 기술을 실천하는 많은 기회를 준다.

12. 가정은 어떻게 노는 가를 가르치고, 그 놀이의 가치를 인식하도록 가르친다.

13. 가정은 겸손, 용납, 봉사 등의 장점을 가르친다.

14. 가정은 도덕, 종교, 그리고 가치관의 문제에서 필수적인 방향을 제시한다.

15. 가정은 자녀들에게 결혼에 대한 살아있는 모델을 제공한다.

16. 가정은 우리로 하여금 하나님을 발견하고 또 그분에게 헌신하게 한다.56)

그렇다면 우리가 이 모든 것을 가정 예배의 제목 밑에 포함시킬 수 없다는 것은 너무나 자명(自明)하다. 물론 그 가운데 많은 것을 가정 예배라는 매개(媒介)를 통하여 대화하고 토론할 수는 있을지 몰라도 말이다. 보다 중요한 것은 이런 개념들이 매일 지속되는 삶의 현장에서 드러나는 모델이 있느냐 하는 것이다. 이런 종류의 삶은 가르침으로 전달되기 보다는 본보기로 전달되기 때문이다. 그리고 이런 특성이야말로 건전한 발전에 없어서는 안 될 너무나 본질적인 것이기에, 하나님은 가장 친밀한 공동체, 곧 가정을 통하여 이런 것들을 전달하게 하셨다.

이 저서를 읽고 있는 독자 가운데는 내가 지금까지 언급한 모든 것에 일체감을 느끼지 못하는 사람도 있을 것이다. 당신의 가정 생활은 이런 삶처럼 긍정적이고 건전한 모델을 갖지 못했을지도

---

56 나는 이 목록에 있는 아이디어들에 대해 어네스트 보이어(Ernest Boyer)의 *A Way in the World*에 빚지고 있다. 그것들은 가정의 영성에 관한 이 뛰어난 저서에 확대되어 있다.

모른다. 이런 현상은 교회의 지도자가 되기 위하여 신학교에서 준비하고 있는 형제와 자매들 가운데서 더욱 많이 볼 수 있다. 기독교 교제에서도 다시 배울 것이 너무 많다. 이런 유의 경험을 제공한 가정을 갖지 못한 사람들에게 두 가지만 말하고자 한다.

첫째, 교회는 하나님의 가정이다. 위에서 언급된 것 중 많은 특성이 예수님을 사랑하는 신자들로 구성된 회중에서 찾을 수 있다. 그러한 교회를 찾으라. 그리고 당신의 뿌리를 그 교회 생활의 토양 속에 박으라. 당신은 교회라는 가정에서 양육될 것이다. 얼마 전, 두 자매가 우리 교회에 등록했다. 그러나 그들의 부모는 함께 출석하지 않았으며, 나는 그들이 기독교의 기준과는 거리가 먼 가정 출신이라는 것을 알게 되었다. 그러나 이들은 모두 십 대의 소녀였는데, 다행히 기독인 친구들이 있었다. 그들은 교회에서 가정이 제공하지 못한 많은 것들을 찾을 수 있었다. 당신의 가정이 기독교적 삶의 방식을 제공해주지 못할지라도, 당신도 똑같이 할 수 있다.

두 번째로 언급하고 싶은 것은 공동체의 삶과 형성은 가정이라는 정황에 한정되지 않는다는 것이다. 공동체의 표현에는 우리 모두에게 바람직한 많은 것들이 있다. 어떻게 해서든지 우리 모두는 이런 공동체의 표현을 영성 안으로 끌어들이도록 해야 할 것이다.

† 우리는 소수의 가까운 *친구*를 가질 필요를 강조하고 싶다. 3장에서 우리는 영적 우정 내지 영적 지도의 사역에 대하여 언급한 적이 있었다. 나는 여기서 그것을 다시 언급하는 것은 아니다. 단지, 나는 우정의 관계라는 자연적이고도 필요한 그물망에 대하여 말하는 것이다. 우리 모두는 삶을 나눌 수 있는 소수의 가까운

친구를 필요로 한다. 나눔이라는 포괄적인 근거는 필요하다면 보다 구체적이고 개인적인 대화를 이끌어 낼 수 있는 정황을 일구어 낸다.

나의 인생에도 그러한 사람 몇이 있는데, 그들을 인하여 나는 하나님께 감사한다. 우리는 많은 시간을 일반적인 친교의 차원에서 보낸다. 그러나 우리는 그런 식으로 서로에게 헌신했기 때문에, 필요하다면 보다 깊은 문제로 옮겨 갈 수 있는 것이다. 바실 페닝톤(Basil Pennington)은 다음의 말로 이런 친교의 중요성을 말했다, "진정한 친교에 의하여 은혜를 받은 사람들은 그 희생과 가치를 안다."57)

이런 유의 친교는 모라비안과 웨슬리의 전통에 있는 소위 조모임(Band)을 통하여 우리에게 모델이 된 바 있었다. 조모임은 셋 내지 다섯 명으로 구성된 그룹인데, 서로에게 정규적으로 그리고 깊게 관련을 맺고 있었다. 조모임은 동성의 사람들로 구성되었는데, 왜냐하면 남자는 남자에게만 나누어야 할 것과, 여자는 여자에게 나누어야 할 것이 있다고 느꼈기 때문이다. 그들은 일차적으로 격려와 후원의 기능을 했고, 거절의 두려움 없이 정직하게 죄를 고백할 수 있는 곳이었다. 이 사람들을 묶은 친교의 끈은 얼마나 강하든지 어떤 환경 속에서도 서로를 지탱해 주기에 충분하였다.

---

57 Bob Benson, *Disciplines for the Inner Life* (Waco: Word, 1985), p. 104. Benson의 저서는 개인의 경건을 위하여 탁월한 자료이다. 그 저서는 성경 읽기, 기도의 제안, 그리고 수 많은 경건 저술에서의 발췌 등으로 구성된다. 본문의 인용도 Basil Pennington의 *A Place in the Heart*에서 온 것이다.

나는 당신도 이런 수준에서 관계를 형성할 수 있는 친구를 한 명 내지 몇 명을 갖게 되기 바란다. 그들은 기독교 공동체의 필수적인 구성원이다. 만남은 계획에 의하여 이루어질 수도 있고, 친구로서 정상적인 관계에서 자연스럽게 일어날 수도 있다. 당신은 그 관계를 잘 촉진시킬 수 있는 구조를 정해야 한다. 꼭 기억해야 할 요소는 정상적인 친교라는 보다 넓은 정황에서 깊이 대화할 수 있는 구조가 되어야 한다는 것이다.

다음으로 넘어가기 전에, 이런 종류의 관계를 논의할 때 왕왕 일어나는 두 가지의 실제적인 문제를 집어보자. 첫째는 당신의 배우자가 이런 수준의 영적 공동체에 속해야 되는지 말아야 되는지의 문제이다. 나는 두 가지로 대답하고 싶다. 첫째로, 당신의 배우자는 작은 친교 그룹에서 보다 훨씬 더 친밀하게 당신과 나누어야 한다. 배우자는 하나님이 우리에게 주신 *가장* 가까운 사람이 되어야 한다고 나는 믿는다. 이보다 더 깊은 수준의 관계는 우리가 가장 깊게 그리고 가장 개인적으로 하나님과 홀로 교제할 때의 "지성소"(holy of holies) 안에서 뿐이다. 그러므로 나는 이 수준에서는 배우자를 포함시켜야 한다고 믿는다.

동시에, 나는 배우자를 포함하지 않은 친교 그룹에 대한 필요를 강조하고 싶다. 우리는 배우자 이외에 실제적으로 같은 수준에서 나눌 수 있는 소수의 사람들을 필요로 한다. 실제로, 당신은 배우자와 나누고 싶지 않은 것들을 그룹이 받아들이고 처리하는 경우가 있을 것이다. 공동체에서, 우리는 깊은 나눔을 배우자에게 국한시킬 필요가 없다.

둘째는 이러한 조모임의 관계에 이성을 포함시키는 것이 보다 바람직한 것인지 아닌지의 문제이다. 나는 이미 위의 서술을 통하여 대답을 제시했을 것이다. 이 수준에서, 나는 이성을 포함시키는 것이 최선이라고 믿지 않는다. 나는 남자는 남자와 여자는 여자와 나누는 것이 바람직하다고 생각한다. 친교에 관한 최근의 연구에 따르면, 영성과 성별 사이는 밀접한 관련이 있으며, 배우자 이외의 이성에게 정규적으로 그리고 깊이 우리의 영혼을 노출시키는 것은 위험할 수 있다.58) 나는 이성과의 영적 관계를 전적으로 배제하지 않는다. 단지 그런 관계는 다른 수준에서 일어나야 된다고 믿는다.

† 다음 수준의 공동체는 의미있는 그룹의 수준이다. 여기서 나는 여덟 내지 열명으로 구성된 보다 큰 교제를 생각하는데, 그런 교제는 오늘날 우리가 흔히 볼 수 있는 전형적인 소그룹이다.59) 종종, 이런 교제는 서로 제법 잘 아는 사람들로 구성될 것이다. 그리고 이런 상황에서 이성과 의미있게 나눌 수 있을 것이다.

그룹의 구성원들은 가까운 친교라는 그물망을 소지(所持)하여야 하기에, 이 그룹의 분위기는 고백적이어서는 안 된다. 오히려, 분위기는 축하, 후원, 연구 그리고 서로를 격려하는 것이어야 한다. 직업과 자녀에 연관된 문제들은 그런 그룹에서 의미있게 나눌

---

58 Don Joy의 탁월한 두 저서, *Bonding*과 *Re-Bonding* (Waco: Word, 1985년과 1986년에 각각 출판됨)은 남녀 관계의 한계에 관한 유익한 정보를 제공한다. 이 한계는 영적 삶을 다루는 관계에서도 적용되어야 한다.

59 그룹을 시작하고 또 유지하는 방법에 관한 자료는 많이 있다. 다음의 저서들은 오랫동안 나에게 특별히 도움이 되었다: Elton Trueblood의 *The Company of the Committed*, Harold Freer의 *Two or Three Together*, David Watson의 *Accountable Discipleship*.

수 있으나, 초점은 작은 친교 그룹에서만 나눌 수 있는 깊은 문제들이 아닐 것이다.

나는 이처럼 보다 큰 그룹의 일차적인 기능 중의 하나는 기도라고 믿는다. 이런 기도는 찬송과 성가대의 합창 중에, 성경과 현대 기독교 문서를 묵상하면서, 그리고 그룹의 구성원들과 외부의 사람들을 위하여 중보기도를 할 때 할 수 있을 것이다. 그룹의 분위기는 우리가 함께 하나님을 만났다는 느낌을 갖는 것이어야 한다.

당신의 그룹이 예외적이 아니라면, "죽음이 우리를 나눌 때까지"라는 기조(基調) 위에 구성하지 않는 것이 좋다고 나는 생각한다. 시작과 마무리의 시점이 결정되어야 한다. 사람들은 삶의 정황에 따라 그룹 관계에서 자유롭게 가입하거나 탈퇴할 수 있어야 한다. 이 말은 아무렇게나 참여하거나 피상적으로 참여해도 된다는 것을 의미하지 않는다. 사람들은 그룹에 헌신되어 있는 동안에는 신실해야 한다. 그러나 그 말은 사람들이 압박이나 죄책 없이도 그룹에 들어오거나 나갈 수 있어야 된다는 것을 의미한다. 어떤 그룹이건 새롭게 시작되면 떨어져 나가는 사람도 있고 들어오는 사람도 있게 마련이다. 이것은 자유와 현실 감각을 제공할 것이며; 아무도 관계에 "갇혀" 있지 않는다.

이러한 성격의 그룹은 공통의 관심과 필요를 따라 성장할 것이다. 구성원들은 서로 믿음으로 성숙하는 것을 바라보는 기쁨을 누릴 것이다. 그들은 의미있는 영적 발전을 지속하기 위하여 필요한 힘과 지지의 결속을 느낄 것이다. 그들은 집합적인 지혜와 통찰력의 필요와 가치를 경험할 것이다. 그리고 그들은 그룹에서 토의되는 제목을 위하여 남자와 여자들이 드러낸 차이를 감사하게 될 것이다. 이 모든 것들은 우리의 영적 발전을 위한 건전한 이득이다.

그러나, 주목해야 할 문제가 없는 것은 아니다. 때때로, 사람들은 너무 많은 그룹에 소속되어 있는데, 그것은 영성에 비생산적일 수 있다. 무엇보다도, 그들의 관심이 많은 항목으로 나뉜다. 그리고 그들은 쉽게 너무 많은 짐을 지게 되는데, 특히 그룹마다 과제물이 있을 때는 더욱 그렇다. 그러므로 당신이 한 두 개의 그룹을 택하면 족할 것이다. 예를 들면, 당신은 일주일에 한 번씩 모이는 교제권의 회원이며, 동시에 당신의 배우자와 함께 그룹의 회원이면 족할 것이다. 당신의 영성은 양의 문제가 아니라 질의 문제라는 것을 기억하라. 이것을 당신의 공동체 경험의 시금석(試金石)으로 사용하라.

† 네 번째 수준의 공동체는 교회에서 일어난다. 교회는 기독교 공동체를 위한 핵심 그룹이다. 비록 교회가 가장 의미있게 서로 영향을 미치는 그룹이 아닐 수 있어도 말이다. 이것은 당신이 큰 회중에서 예배를 드린다면 특히 그러하다. 나는 교회를 핵심 그룹이라고 하는데, 왜냐하면 다른 어떤 모임도 교회에서 정규적으로 그리고 헌식적으로 참여하는 것을 대체할 수 없기 때문이다. 만일 다른 수준의 공동체가 교회의 대치가 될 수 있다면, 거기에는 무엇인가 잘못된 것이 있다.

여기에서 바로 교회사의 증거가 우리를 도울 수 있을 것이다. 기독교 교회에는 언제나 소공동체(subcommunity)가 있었다. 종교개혁자들은 큰 교회 안의 "작은 교회"에 대한 필요와 유용성을 각별히 인식했다. "작은 교회"의 기능은 의미있는 교제를 제공하고 교회의 예배 사이에서 공동체를 유지하게 하는 것이었다.

초기 감리교회는 이런 원리를 놀랍게 경험하였다. 존 웨슬리는 영국에서 연합회(United Societies)를 구성하였는데, 그는 이 연합회가 영국 국교회(The Church of England)의 예배 시간에는 모이지 못하게 하였다. 그뿐 아니라, 연합회의 회원이 된 사람은 모두 교회 예배에 온전히 그리고 의례히 참여해야 했다. 웨슬리의 소망은 "작은 교회"를 통한 공동체의 구성으로 인하여 큰 교회의 생명을 풍요롭게 할 사람들을 양성하는 것이었다.

영성은 교회에 충성하는 사람들을 생산하고자 한다. 이것은 주일학교에도 신실하게 출석하는 것을 포함한다. 물론 정규적으로 예배드리는 것도 의미한다. 뿐만 아니라, 책임과 지도자의 위치에서 섬기는 것을 의미한다. 적절히 성장된 사람들은 의식적으로 교회와 관련을 맺을 것이다.

† 이제 영적으로 형성된 공동체의 마지막 수준을 살펴보자. 우리는 세상에서 공동체가 어떻게 표출될 것인가를 찾아보고자 한다. 다음 장에서 나는 이 개념을 더 충분히 개진(開進)하기를 원한다. 왜냐하면 영성에서 흔히 볼 수 있는 위험은 우리의 성장에 너무나 몰두한 나머지 세상에서의 봉사를 소홀히 하는 것이다. 진정한 영성은 세상에서 계속적으로 참여하여 영향을 미치기를 구하는 것이다.

기독인이 비기독인과 관계를 맺을 수 없다고 믿는 것은 정말 비극이다. 두 말할 필요도 없이, 우리가 고백하는 믿음과 삶을 파괴하는 관계를 계속해서는 안 된다. 그러나 기독인이 기독인과만 연합하고 교제해야 한다는 견해에 빠져서도 안 된다. 이런 태도는 그리스도가 보여주신 본보기와도 모순될 뿐 아니라, 나쁜 신학과 그릇된 영성을 드러낸다.

나쁜 신학은 비기독인이 기독인을 "오염시키기" 때문에 기독인은 비기독인과 연합하지 않는 것이 좋다고 한다. "너희 안에 계신 이가 세상에 있는 이보다 크심이라"는 우리의 믿음은 도대체 어떻게 된 것인가? 비기독인과의 교제로 인하여 우리가 눈이 멀어 유혹의 미끼에 빠져서도 안 되고, 우리가 난잡한 관계를 가져서도 안 된다. 그러나 우리가 진정으로 성령에 의하여 인도받고 있다면, 우리가 세상에 살면서 서로 만날 때 하나님은 갑옷으로 우리를 보호하신다는 것을 기억해야 할 것이다.

한 발 더 나아가, 그것이 나쁜 신학인 까닭은 전도의 근원을 끊어버리기 때문이다. 1970년대 초 신학교를 다닐 때, 나는 제임스 케네디(James Kenedy) 박사가 우리의 문제는 우리가 사람을 낚는 어부가 되기를 중단하고, 수족관의 파수꾼이 되었다고 말하는 것을 들었다. 기독인이 비기독인과 의미있는 관계를 중단할 때, 기독인은 전도하는 일을 중단한다. 나는 사도행전이나 바울의 서신에서 기독인이 세상에서 떠났다는 증거를 전혀 찾을 수 없다. 오히려, 그들은 비기독인과 접촉을 증가시키기 위한 방법들을 강구하고 있었다.

만일 우리가 우리 자신에게 관심을 가지고 영적 삶을 소비만 한다면, 그것은 그릇된 영성이다. 우리가 아는 것처럼, 하나님을 알지 못하는 이웃이나 동료와 접촉을 끊어버리는 것은 그릇된 영성이다. 우리의 삶의 경험을 분명하게 "크리스찬"이라고 딱지를 붙인 것에만 국한시킨다면 그것은 그릇된 영성이다. 우리의 목적은 기독인 친구들, 기독교 음악, 기독교 서적, 기독교 사업 및 기독교

장소의 명단을 만드는 것이 아니다. 우리의 도전은 세상에 살면서 세상에 의하여 타락하지 않고 사는 것이다. 우리의 목표는 비기독인과 관계를 맺으면서도 우리의 확신을 잃지 않는 것이다. 우리의 책임은 세속화된 사회를 뚫고 들어가서 그 사회를 개혁시킬 수 있는 가치관을 제시하는 것이다. 진정한 영성이란 우리를 무장시키고 강화시켜서 우리로 하여금 세상에서 능동적으로 살아가게 하는 것이다.

내가 어렸을 때, 콜게이트-팜올리브 회사(the Colgate-Palmolive Company)는 "보이지 않는 방패"에 관하여 텔레비전으로 광고하였는데, 그 치약은 충치 방지를 위한 상품이었다. 영성은 우리를 사람들로부터 분리시키거나, 아니면 우리를 자기 만족과 자기 발전(發電)의 사람들로 만드는 보이지 않는 방패가 아니다. 그리스도 안에 있는 우리의 삶은 항상 외부의 자원--하나님의 영과 다른 사람과의 연결--에 의하여 상속된다. 다양한 수준의 기독교 공동체는 우리의 영성을 길러주고, 그것을 표현할 수 있는 통로를 제공한다. 우리는 서로를 필요로 하기 때문에, 우리는 그만큼 더 부요하다.

공동체를 경험하자

서로 돌아보아 사랑과 선행을 격려하며 모이기를 폐하는 어떤 사람들의 습관과 같이 하지 말고 오직 권하여 그날이 가까움을 볼수록 더욱 그리하자.

히브리서 10 : 24-25

침묵을 훈련하라

공동체에서 당신이 나누는 기독교의 차원에 대하여 생각하라. 당신의 발전을 위하여 얼마다 다른 사람들을 의존하는가?

명상을 훈련하라

배우자, 가족, 친구, 그룹, 교회 및 사회에 연관시킨 공동체 삶의 질을 평가하라. 긍정적인 면과 부정적인 면을 나열하라.

결단을 훈련하라

앞으로 석달 동안 위에서 언급된 영역에서 한 가지의 구체적인 행동을 하나님의 은혜에 의하여 이행하기로 작정하라.

기도를 훈련하라

당신의 삶에서 가장 중요한 사람들의 이름을 하나님 앞에서 말해보라. 그들 한 사람 한 사람에 대하여 하나님께 감사하라.

읽기를 훈련하라

시편 122편과 빌립보서 1장 3-11절을 읽어라.

8

세상으로

칼 막스(Karl Marx)는 종교를 사람들의 아편이라고 선언하였다. 아이러니컬하게도, 그럴 수 있다. 종교가 너무 개인적이고 사유화된 나머지 종교가 세상에서 섬김의 정신을 흐리게 만들 때는 언제나 우리를 마약으로 중독시켰다. 불행하게도, 역사는 종교가 바로 이런 일을 범한 실례들을 기록하고 있다. 교회가 어떻게 노예 신분을 정당하게 만들려고 한 자료들이 아직도 남부에서 흘러나온다. 그리고 시시때때로 우리는 세계 제 2차 대전의 독일 자료에서 교회가 어떻게 유대인 학살을 직면하고도 침묵했는 가를 듣는다. 이처럼 굵직한 신앙의 왜곡(歪曲)은 차라리 식별하기 쉽다.

그러나, 영성과 같이 좋게 보이는 것조차도 이기심으로 바뀌어 섬김의 정신을 피할 수 있다. 엄격하게 검토되지 않는다면, 영성의 추구도 종교라는 얇은 휘장으로 가리운 또 다른 자기 개발 프로그램으로 전락할 수 있다. 우리가 이런 함정에 빠지지 않으려면, 우리의 영적 발전을 궁핍한 세상이라는 정황에서 보고 또 그리스도 안에서의 삶은 우리로 하여금 그 세상에 참여하여야 한다는 것을 깨달아야 한다.

만일 영성이 또 다른 나의 경험(I-Me experience)으로 전락한다면, 그 영성은 필연적으로 길가에 버려질 것이다. 그러나, 만일 우리가 개인의 성장을 사회적 책임을 위하여 사용할 수 있다면, 우리는 우리 세대에 영향력을 끼칠 수 있는 잠재력을 가지게 된다.

단순한 인간이 아니다

오늘날 수 많은 사람들에게 인생이란 자기 중심과 개인의 이득이라는 말로 정의된다. 그런 정의를 아주 생생하게 보여준 실례는 최근의 텔레비전 광고의 선언이리라: "너는 인생에서 한 바퀴만 돌게 되노라, 그러니 너는 가능한 한 모든 기쁨을 움켜쥐라."

바로 그것이다--핵심은 우리 각자가 선택할 수 있다는 것이다. 우리는 움켜쥘 수도 있고 나누어 줄 수도 있다. 다른 사람 중심으로 살라는 부르심은 기독교의 심장이다. 그러나 그런 부르심에 호응한다는 것은 세상의 조류(潮流)에 거슬러서 헤엄치는 것을 의미한다.

한 가지 분명한 것은 우리는 자아(自我)라는 조류에 거슬러 간다. 신학자들은 원죄의 특성과 표현에 대하여 과거에도 논쟁했고, 또 지금도 논쟁하고 있다. 나는 원죄를 본질적으로 자기 중심으로 묘사될 수 있다고 믿는다. 우리가 자아를 가지고 있다는 사실은 원죄의 자취는 아니다. 우리의 고유한 "자기"는 인간을 위한 하나님의 근본적 계획의 일환이다. 문제는 "자기"가 우리의 신이 되고 우리가 그 "자기"를 섬길 때이다. 우리는 인생의 모든 것을 "자기" 중심으로 돌아가게 만들려 한다. 우리는 "자기"를 충족시키기 위하여 애쓴다. 그리고 이 "자기"는 본래의 의도와는 전혀 달리 중심의 자리를 차지하게 된다. 이런 것은 에덴 동산에서도 그랬고, 또 오늘도 계속해서 그러하다.

현재의 여피주의(Yuppyism)의 현상은 핵심적으로 이기적인 인생관을 나타낸다. 오늘날의 향상(向上) 지향적인 젊은이들에 대한 연구에 의하면, 그들은 십 년 전의 젊은이들보다 섬김의 정신에 관심이 적다. 그 이유 가운데는 세상의 문제가 너무 커서 해결될 수 없다는 신념 때문이다. 그 결과 선교적 인생관 대신에, 그들은 다음과 같은 수정본을 받아들인다, "먹고, 마시고, 즐기며 결혼하자. 내일이면 우리는 죽는다."

또 분명한 것은 이처럼 다른 사람 중심의 삶은 우리의 감각이라는 조류에 역행한다. 깊이 자리잡은 이기주의는 우리의 감각에 의하여 길러진다. 우리의 사회에 있는 대부분의 광고는 감각의 충족에 집중되어 있다. 광고는 우리에게 생각할 것을 요구하지 않고, 오직 느끼고, 원하고, 갈망할 것을 요구한다. 대부분의 산업은 노동자에 대한 관심보다는 싼 원가로 생산하는 방법에 더 관심을 갖는다. 정치권에서는 흔히 민족의 이해(利害)를 중심으로 정책 결정을 한다. 개인적인 수준에서는 아침에 눈을 뜨는 순간부터 밤에 잠자리에 들어갈 때까지, 우리는 우리의 이기주의를 불태우는 관능의 바다 속에 있다.

그 결과, 인생에서 다른 사람 중심이 된다는 것은 쉽지 않다. 그리고 그것을 일으킬 수 있는 확실한, 실패 없는 프로그램도 없다. 미래를 바라보는 기독인에게 직면한 가장 큰 도전 중 하나는 만연된 관습에 역행하는 가치와 윤리를 전달하는 것이다. 교회는 거대한 전도의 임무를 가지고 있을 뿐 아니라, 그리스도를 영접한 사람들을 훈련시키는 동일하게 거대한 임무를 가지고 있다. 많은 기독인은 여러 영역의 삶에서 기독교 가치관의 특성을 이해할 필요도 가지고 있다.

우리는 이 세대의 세파(世波)에 따라 살아야 하는가? 아니면 이와 같은 새로운 인생의 이해를 실현하기 위하여 우리가 할 수 있는 것이라도 있는가? 나는 시작할 곳이 있다고 믿는다. 그러나 그 곳은 자각있는 주의를 요하는 곳이다; 그것은 자동적으로 발생하지는 않을 것이다. 그것은 다른 사람들의 비전, 곧 루이스(C. S. Lewis)가 말한 진리--"평범한 사람들은 없다. 당신은 결코 죽을 수 밖에 없는 인간에게 말한 것이 아니다"--를 반영하는 비전을 계발하는 것이다.60) 그것은 우리를 훈련시켜서 우리가 만난 모든 사람이 하나님의 형상대로, 다시 말해서, 천사들 보다는 조금 못하게 만들어졌다는 것을 기억하게 한다.

웨슬리의 전통에 몸담고 있는 기독인으로서, 나는 선행 은총에 대한 웨슬리의 강조를 배웠고 또 영향을 받았다. 이것은 세상에 태어난 모든 사람에게 주어지는 하나님의 은혜의 차원이다. 선행 은총은 타락 이후 우리를 완전히 비인간으로 만드는 것을 막아주는 은혜의 차원이다. 선행 은총은 죄의 등장 이후에도 우리를 계속적으로 영원한 가치를 지닌 사람이요 동시에 하나님의 사랑의

---

60 C. S. Lewis, *The Weight of Glory* (New York: Macmillan, 1980), p. 19.

대상으로 만드는 은혜의 차원이다. 이에 관하여 웨슬리가 주로 인용한 두 구절은 다음과 같다, "만물이 그(말씀)로 말미암아 지은 바 되었으니 지은 것이 하나도 그가 없이는 된 것이 없느니라.… 참빛 곧 세상에 와서 각 사람에게 비취는 빛이 있었나니"(요한복음 1:3, 9)와 "우리가 아직 죄인되었을 때에 그리스도께서 우리를 위하여 죽으심으로 하나님께서 우리에게 대한 자기의 사랑을 확증하셨느니라"(로마서 5:8).

슬프게도, 세상의 많은 사람은 이 위대한 진리에 대하여 무식할 뿐만 아니라, 그 진리와 조화를 이루며 살기를 거절한다. 그러나, 이것으로 인하여 그들을 향한 하나님의 사랑이 소멸되지 않으며, 또한 그들을 향한 우리의 관심이 감소되어서도 안 된다. 우리가 다른 모든 인간과 어떤 형태로든지 공동체를 나눈다는 것을 결코 잊어서는 안 된다. 같은 창조를 통하여 우리가 만나는 모든 사람과 하나님의 형상(imago dei)을 나눈다. 구속의 가능성은 모든 사람에게 있다. 어떤 사람도 은혜의 영역 밖에 존재하지 않는다. 누구나 영혼을 소지하고 있다.

우리가 다른 사람의 신성을 망각함으로 그들을 비개인화시키고 또 비인간화시킬 때마다, 다른 사람 중심의 인생이라는 것을 망각한다. 나는 베트남 전쟁 중 저녁 뉴스에서 거의 매일 사상자의 소식을 들은 것이 기억난다. 우리 편의 사상자를 보도할 때는 일반적으로 군인이나 가족에 대한 몇 가지 개인 이야기도 같이 보도했다. 그러나 베트콩의 사상자를 보도할 때는 단순히 "적의 사상자"로서만 언급했다. 그들의 이름과 얼굴 없이 보도함으로, 그들의 사상자에 대한 감정적인 충격을 최소화시키며 동시에 정당화되는 것처럼 보였다. 그러나 그들도 역시 비통해하는 가족이 있었다.

창조적 공동체의 이런 의식을 잃는 것은 사람을 천편일률적(千篇一律的)으로 생각하게 되는 위험을 내포한다. 여기에 몇 가지의 전형적인 실례가 있다: 모든 유대인은 인색하다. 가톨릭 신자는 기독인이 아니다. 북부 사람들은 호의적이지 않다. 모든 텍사스 사람은 허풍쟁이이다. 모든 러시아 사람들은 공산주의자이다. 미국은 기독교 국가이다.

만일 우리가 일반론이라는 고립 안에서 산다면, 우리는 사람의 소중함을 잊을 위험 가운데 있다. 기독인의 영성으로 인하여 나는 모든 사람이 하나님의 형상대로 지음을 받았고, 그러므로 한 사람 한 사람이 독특하고 귀중하다는 것을 결코 잊지 않게 된다.

나도 항상 이런 식으로 생각하고 반응하지 않는다는 것을 고백할 수 밖에 없다. 나는 이 비전으로 나의 시각을 끌어올리지 않으면 안 된다. 나는 백화점이나 공항과 같은 공공장소에서 사람들을 유심히 보면서 그렇게 하려고 애쓰기도 한다. 나는 그들에 대하여 어떤 독특한 것, 다시 말해서, 그들을 군중 속에 있는 다른 사람과 다르게 만드는 어떤 것을 찾으려 한다. 그 다음 나는 하나님을 상기시키는 특성이나 행동—겉으로 보기에는 보잘 것 없어 보일지도 모르는 특성이나 행동—을 찾는다. 어떤 젊은이가 장애인을 위하여 문을 열고 있었는데, 나는 나의 한계를 향한 하나님의 인내를 생각한다. 어떤 큰 오빠는 작은 누이가 신발 끈을 매는 동안 누이의 음료수를 들고 있었는데, 나는 하나님이 나를 위하여 얼마나 많은 것을 들고 계시는 가를 생각한다. 어떤 들볶이는 엄마가 유모차에서 우는 아기와 치마를 끌어 당기고 있는 세 살짜리 아이와 함께 쇼핑을 하려고 애를 쓰고 있었는데, 나는 자기 조절이 얼마나 어려운 가를 기억한다. 두 노인이 서로를 바라보면서 과자와 커피를 들고 있었는데, 나를 향한 끊임 없는 하나님의 사랑을 기억한다.

혹자는 내가 영적인 감상주의에 빠졌다고 말할지 모른다. 그러나 실제로, 나는 일상의 삶에서 나타나는 *하나님 형상*의 많은 작은 표현을 관찰하는 기회를 갖고 있는 것이다. 나는 모든 사람이 소중하다는 것을 조용히 되새기고 있다고 믿는다. 아이들의 노래는 진실이다, "빨갛든 노랗든, 까맣든 하얗든, 우리는 그분 보시기에 소중하다!"

만일 우리가 모든 사람이 신성하다는 비전을 확고히 한다면, 우리는 필요 가운데 있는 그들과 연루(連累)되라는 부르심을 느끼리라. 우리의 영성은 우리 스스로 지킬 수 없는 것이다. 우리는 하나님께 아씨시의 성 프란시스(St. Francis of Assisi)가 기도한 대로 우리를 만들어 달라고 요청하게 될 것이다, "주님, 나를 당신의 평화의 도구로 만들어 주소서." 우리의 믿음은 소중히 여길 선물일 뿐 아니라, 나누어야 할 축복이다.

프랑크 라우바흐(Frank Laubach)는 지난 세대에 하나님이 크게 사용하신 종이었는데, 그는 새로운 날을 다음과 같은 기도로 시작하곤 했다, "주님, 내가 당신을 도울 수 있는 어떤 일을 오늘 이 세상에서 하시겠습니까?" 스탠리 존스는 아침 기도를 그의 "하루를 위하여 명령을 받는" 시간이라고 불렀다. 이러한 태도는 우리가 여기서 묘사하고 있는 정신을 표현한다. 이러한 태도는 그리스도가 우리를 통하여 다른 사람에게 사역하실 수 있도록 새로운 날로 깨워주셨다는 것을 깨달았다는 것을 말한다.

토마스 랭포드(Thomas Langford)는 이런 측면의 영성을 구체적으로 실천할 수 있는 방법을 제시했다. 그는 우리의 아침 기도 중 "그날을 위한 단어"를 받아야 한다고 말한다.61) 예를 들면, 우리는 *인내*라는 단어를 받았다고 하자. 그러면 우리가 하루를 지내며, 그 단어를 회상하면서 다른 사람과의 관계에서 그 자질을 발휘하고 있는지 볼 수 있다. 이것이 제이의 천성이 되면서, 그리스도가 우리의 태도와 행동을 통하여 다른 사람들에게 그분의 특성들을 갈수록 많이 표현하실 수 있다는 것을 알게 될 것이다.

우리가 인생을 새롭게 이해할 필요에 대하여 당신은 오늘 나와 동의하는가? 나는 물론 동의한다. 이런 생각을 염두에 두고 있으면서도 나는 너무나 많은 매일을 백성들을 위한 하나님의 목적을 회상하기 보다는 나 중심의 목적을 더욱 회상하는 나 자신을 발견한다. 나는 이런 종류의 영적 비전으로 나 자신을 채찍질하지 않으면 안 된다. 그렇게 할 때, 헨리 누웬의 말은 나에게 점증적(漸增的)인 진리가 된다, "사역의 신비는 우리가 사역하는 곳에서 주님이 발견되는 것이다.... 우리가 더 많이 주고, 돕고, 후원하고, 인도하고, 상담하고, 방문할수록, 그만큼 더 많이 받는데, 유사한 선물만이 아니라, 주님 자신을 받는다."62)

---

61 Thomas Langford, *Prayer and the Common Life* (Nashville: The Upper Room, 1984), p. 28.

62 Benson, *Disciplines for the Inner Life*, p. 279. Henri Nouwen의 *Gracias!*에서 발췌.

속도를 맞추자

우리를 세상으로 인도하는 영성으로 인하여 우리는 속도 (pace)에 대하여 새롭게 이해하게 된다. 우리가 세상에서 사역할 수 있는 동기부여를 발견하지 못하는 이유는 우리 자신의 생활을 돌보느라고 너무 바쁘기 때문이다. 바쁘다는 것은 어려서부터 노년에 이르기까지 우리를 괴롭히는 현대의 저주이다. 나의 자녀들이 그들도 모르게 바빠지는 것을 보면서, 나는 우리 사회가 내일의 일벌레들을 양산하는데 탁월하다는 것을 깨닫는다.

기술 시대에 있는 우리는 더욱 많은 것을 할 수 있다. 아니면 적어도 할 수 있다는 말을 듣는다. 양적으로 우리는 엄청난 양의 작업을 한다. 인생이 어떻게 빨리 가는지, 때때로 희미한 꿈을 꾸고 있는 것 같다. 우리는 하루를 끝내고 침대에 기어들어가서 도대체 무엇을 했는지 마음이 산란해지기도 한다. 우리의 에너지는 얼마 지나지 않아서 소진(消盡)되어, 가족을 위하여는 거의 남은 것이 없으며, 더군다나 공동체와 세상을 위하여는 남은 것이 거의 없다. 우리의 가정은 후퇴하여 피하는 작은 동굴이 된다. 이웃은 낯선 사람들이며, 마을 반대편은 존재하지도 않으며, 세상 반대편은 말할 필요도 없다.

소위 여가를 즐기는 사회의 최대 아이러니는 우리가 과거 어느 때보다 더 바쁘다는 것이다. 우리의 삶은 바쁜 스케줄로 가득 차 있다. 거의 본능적으로 우리는 인도주의적인 활동에 참여하라는 부름을 회피한다. 특히 그 참여 때문에 시간과 개인 활동을 더 할애해야 할 때는 더욱 그렇다. 그러므로, 영성의 관점에서 볼 때,

이런 식의 속도는 역효과적이라고 말하지 않을 수 없다. 그런 것은 하나님이 우리에게 의도하신 삶의 방식은 아니다.

끊임 없는 활동은 중독(中毒)이 될 수 있으며, 따라서 우리도 실제로 그것에 사로잡힐 수 있다. 당신도 확인해 보라. 여분의 시간이 있을 때 당신은 무엇을 하는가? 당신은 편안히 쉬는 법을 아는가? 당신은 여분의 시간을 질적으로 다른—양적이 아닌—활동을 위하여 사용하는 법을 아는가? 헨리 누웬은 권태가 우리 사회의 특징 가운데 하나라고 지적했다.63) 권태는 피로의 표현이라기보다는 할 일이 없다든지 또는 지금 하고 있는 일이 더 이상 만족스럽지 못하다는 말이다. 어느 것이든, 그것은 우리의 선교적 생활 의식을 좀먹는 그런 정신을 묘사한다.

우울증(depression)에 대한 연구에 의하면, 그 원인 가운데는 너무 많은 시간과 정력을 자신에게 쏟기 때문이라는 것이다. 우울증에 걸린 사람은 흔히 자신을 중심에 둔 사람이다. 그런 사람을 치료하려면 그로 하여금 다른 사람 중심이 되게 하는 것이다. 우울증은 다른 사람의 삶에 참여하기 시작할 때 대개 없어진다. 우리 가운데 많은 사람은 속도에 대하여 새로운 감각을 가져야 할 것이다. 우리는 섬김을 위한 시간을 전혀 허락지 않는 스케줄을 가지고 있다. 다른 사람을 섬길 시간을 찾아내기 위하여, 우리는 어떤 활동은 포기해야 할 것이다.

법인체는 점증적으로 이런 식의 삶을 영위하게 하는 지혜를 얻고 있다. 많은 단체는 고용인들이 일정량의 시간을 자선 단체나 공공 봉사를 위하여 활용할 것을 장려한다. 한 공공 시사지는 갈

---

63 Nouwen, *Making All Things New*, pp. 28-29.

수록 많은 사람이 재정적이며 정신적인 수입을 동시에 제공하는 직장을 찾고 있다고 보도하였다.64) 정신적 수입이란 시간의 융통성을 의미하는데, 그 결과 자신을 개인적으로 의미있는 활동에 바칠 수 있는 것이다. 영적 원리를 십분 활용함으로 사업계는 고용인들로부터 보다 질 높은 노동으로 제공받고 있는 것이다.

속도를 이처럼 새롭게 이해하면 우리는 질적 시간을 획득하여 세상과 그 필요에 참여할 수 있게 된다. 우리는 그런 참여를 찌꺼기 시간과 인색한 마음으로 하지 않아도 될 것이다. 생활을 재조정함으로 우리는 주변의 세상을 향상시키기 위하여 사용할 수 있는 여유를 창조하게 될 것이다. 그러나 활동가적인, 그래서 생산지향적인 삶의 방식에 사로잡혀 있는 사람들에게는 그런 변화가 쉽지 않을 것이다.

몇 년 전, 나는 내 아들과 관련되어 이런 문제를 가지고 씨름한 적이 있었다. 존(John)과 그의 친구들 가운데 몇이 견습생 스카우트(Cub Scouts)가 되기를 원했으나, 모든 분대는 만원이었다. 소대장은 새로운 분대를 시작할 수 있는 지도자를 찾을 수만 있다면, 그 애들이 견습생 스카우트에 입단할 수 있을 것이라고 나에게 말했다. 그 순간, 성령이 나에게 말씀하셨다, "네가 하라." 그러나 나는 논쟁을 통하여 거기에서 빠져나오려고 애를 썼다, "주님, 당신도 알다시피, 나는 이것을 할 시간이 없습니다." 그러나 성령은 강권하셨다, "그렇다면 시간을 만들어라." 그리고 그 순간, 나는 전문적으로 살아가는 나의 속도를 한 발 늦추어서 그 분대의

---

64 "Are You Making What You're Worth?", *U.S. News and World Report*, June 23, 1986, pp. 64-65.

지도자 역할을 할 시간을 만들어야만 된다는 것을 받아들였다.

나는 지속적으로 이런 방침을 따라 나의 삶을 재조정하고 있지만, 당신과 마찬가지로, 나도 바쁨 때문에 갈등하고 있다고 말할 수 있다. 그러나, 내가 분대장으로 지낸 일 년 간의 경험으로 인하여, 인생의 가치가 직장의 의무 밖의 많은 것들에 있다는 확신을 갖게 되었다. 나의 영성은 속도와의 계속적 갈등이 포함하며, 동시에 나의 삶을 재조정해야 될 필요도 포함된다.

선교

세상을 향한 세 번째 주요한 전진은 선교에 대한 새로운 이해이다. 우리의 문제 가운데는 우리가 선교를 너무 멀리 둔다는 것이다—실제로, 가까이 있는데도 말이다. 옛 찬송가는 진정한 의미에서 선교를 반영하고 있으나, 우리는 너무 쉽게 가사를 흥얼거리면서 그 의미를 놓치고 있다, "작지만, 이웃을 위한 행위 하나, 그것은 오늘 누군가를 돕는다."

사단은 우리가 선교의 사명을 위하여 헌신하지 않았기에 선교에 참여할 수 없다고 함으로 선교의 급소를 찌를 수 있다. 사단이 우리로 하여금 선교를 전문적으로만 취급하게 하는 한, 우리가 선교에 참여하지 못하게 할 것이다. 예수님은 선교의 진정한 정의를 제시하셨는데, 그것은 그분의 이름으로 제공된 냉수 한 잔도 멸시되지 않는다는 말씀에서였다(마가복음 9:41).

내가 그런 렌즈를 통하여 인생을 볼 때, 나의 삶 가운데 상당히 많은 부분이 본질적으로 선교적이라는 것을 보게 된다. 만일 내가 다른 사람 지향적이라면, 그리고 내가 만일 사람과 그들의 필요를 진정으로 알기 위하여 시간을 낼 수 있도록 스스로 속도를 조절한다면, 나의 매일은 사역을 위한 기회로 가득차게 될 것이다. 그 사역은 내가 수업을 위하여 오갈 때 생길 수 있다. 그 사역은 물마시는 곳에서 또는 쉬는 시간에 일어날 수 있다. 주차장에서도 생길 수 있다. 그 사역은 울타리 넘어서 실천될 수도 있다. 내가 매일 있는 그곳에서 선교적 삶을 위한 기회가 있는 것이다.

† 그러나, 이런 삶이 일어나기 위하여, 세 가지의 자질이 필요하다고 나는 믿는다. 그리고 각 자질은 우리의 영적 삶의 배양(培養)을 통하여 강화된다. 첫째 자질을 나는 통찰력(insight)이라고 부른다. 통찰력이란 우리가 다른 사람의 유익을 위하여 사역해야할 곳에 대한 개념을 가지고 있어야 한다는 것을 의미한다. 통찰력은 숙고(熟考)를 요구하는 자질이다. 왜냐하면 숙고적인 삶은 그리스도를 필요로 하는 장소와 사람을 찾으면서 지평선을 꼼꼼히 살피기 때문이다. 이런 식으로 몇 분간만 숙고해도 필요와 이름의 명단이 작성될 수 있을 것이다.

† 통찰력은 초점(focus)을 요구한다. 우리가 숙고하면, 너무나 많은 필요에 의하여--그 필요의 깊이에 대하여는 아직 보지도 못했는데도 말이다--쉽게 압도될 것이다. 선교적인 삶에서 이것은 위험한 단계인데, 그 이유는 너무나 무수한 필요 앞에서 무기력(無氣力)이라는 씨가 싹틀 수 있기 때문이다. 이런 이유 때문에 나는 항상 토마스 켈리의 말을 기억한다, "사랑의 하나님은 우리에게 모든 임무에 대하여 똑같은 부담감을 주시지 않고, 사려(思慮)깊게 우리 한 사람 한 사람에게 소수의 핵심적인 임무를 맡기

신다."65)

이 말은 우리가 그리스도 안에서 자유롭게 선택할 수 있다는 것을 의미하는가? 나는 그렇다고 믿는다. 그러나 선택은 믿음—하나님이 우리로 하여금 어떤 분명한 장소와 사람을 선택하게 하시리라는 믿음—으로 이루어지는데, 하나님은 다른 사람들과도 같은 일을 이루신다. 그리고 이렇게 할 때, 모든 기지(基地)는 망라(網羅)될 수 있다. 우리를 좌절하게 만드는 오류(誤謬)는 우리가 모든 기지를 망라해서 책임져야 한다는 생각이며, 그렇게 하려고 노력하다 우리는 지쳐버리는 것이다.

여기에서 나는 하루 중 막연하면서 간헐적(間歇的)인 친절의 행위에 대하여 말하고 있는 것이 아니라, 우리 자신을 바치는 선교적 사역이라는 특별한 차원에 대하여 말하고 있는 것이다. 그리고 아름다운 것은 주님이 은혜로우시고 선하셔서 그런 사역 몇 가지를 우리의 발 앞에 벌려 놓으신다는 것이다. 어떤 때는 그런 사역이 몇 개월씩 부침(浮沈)하다가 표면에 나타난다. 어떤 때는 갑자기 오기도 한다. 그러나 사역은 반드시 찾아온다.

최근에 그리고 갑자기 하나님은 나에게 지치고 고갈된 성직자를 위한 사역에서 작은 역할을 하도록 부르셨다. 현재로서는 나의 참여가 제한적이다. 그러나 그 사역이 확대됨에 따라 나의 참여도 역시 확대될 것이다. 중요한 사실은 주님이 이 사역을 나의 발 앞에 벌려 놓으셨고, 나는 그것이 이 시점의 인생에서 참여해야 되는 사역이라고 느꼈다는 것이다. 나는 그 사역에 헌신하였고, 그 요구에 따라 나의 참여를 조정해 나아가야 할 것이다.

---

65 Kelly, *A Testament of Devotion*, p. 109.

† 초점의 결정은 행동(action)을 요구한다. 조만간 우리는 사역에 뛰어들어야 한다. 그러나 바로 여기에서 나는 기독인들이 종종 혼동하고 당황하는 것을 발견한다. 그들은 바로 이웃에서도 할 일이 많다는 것을 볼 수 있다. 지역 교회는 매년 그들 앞에 먼저 해야 할 사역들을 제시한다. 그들의 우편함은 많은 다양한 단체들로부터 날라온 요청으로 가득차 있다.

나는 내가 어떻게 그리고 어디에 참여해야 하는 지에 대한 딜레마를 해결한 본보기로서 다음의 것을 제시하고자 한다. 우리가 세상에 대한 사역을 하려 한다면, 최소한 세 가지의 수준이 있다고 나는 믿는다. 첫째 수준은 우리가 함께 하기 위하여 선택한 *지역교회*를 통하여 온다. 교회는 우리 활동의 일차적인 선교의 현장이다. 그 몸의 계발을 위하여 자신의 은사와 자원을 사용하는 것은 모든 기독인이 마땅히 해야 할 일이다. 나는 크고 작은 많은 교회를 다녔지만, 아직도 교회가 필요로 하는 도움을 다 충족시킨 교회는 찾지 못하였다.

둘째 수준은 나의 비전과 비슷하거나 내가 직접 관계를 맺을 수 있는 *어떤 대의(大義)*에 *개인적인 참여*를 통하여 온다. 조직체는 재정을 필요로 하지만, 그 못지 않게 사람도 필요로 한다. 우리는 우리가 믿는 어떤 대의에 자신을 바쳐야 한다. 나는 장님을 위한 테이프 제작을 통하여 그러한 사역을 발견한 어떤 사람을 안다. 그 사역은 그녀의 숙고의 결과인데, 그 숙고는 이제 행동을 낳았던 것이다. 그녀는 그 사역을 통하여 커다란 기쁨을 얻었는데, 후에는 교육을 향상시키기 위하여 테이프를 필요로 하는 대학생들에게 귀한 기여를 하였다.

내가 아는 어떤 가족은 우리 도시에 있는 공동체 부엌(Community Kitchen)에서 일하기 위하여 한 달에 한 토요일씩을 바친다. 그 가족은 너무 필요한 봉사를 제공할 뿐 아니라, 사역을 함께 나누는 기쁨을 누린다. 우리는 그런 사역을 쉽게 발견할 수 있다; 우리의 영성에서 사역의 중요성은 과소평가될 수 없다.

셋째 수준은 *재정적 후원*을 통하여 온다. 우리는 모든 대의에 개인적으로 참여할 수 없으나, 재정적으로 후원해야 되겠다는 것을 느끼는 사역이 몇 가지 있게 마련이다. 이것 역시 세상을 향한 헌신의 일부이다. 그렇게 드려진 재정은 다른 사람들을 위하여 사용되는 재료와 사람을 위한 수단을 제공하게 된다. 최근 몇 년 동안 우리는 우리의 돈이 다른 사람들의 생애를 바꾸며, 어떤 때는 그들의 생존 자체를 결정짓는 것을 보았다. 우리는 돈을 비인격적인 것으로 생각해서는 안 되는데, 그 이유는 돈이란 우리 생계의 표현이기 때문이다.

물론, 하나님은 헌금의 정도에 관하여 우리 각자를 다르게 다루실 것이다. 예를 들면, 어떤 기독인은 온전한 십일조를 지역 교회에 바쳐야 된다고 믿으며, 혹자는 십일조를 나누어서 바칠 수 있는 권리를 갖는다고 믿는다. 어떤 기독인은 개인적으로 참여하면 족하기에 재정적으로는 깊이 바치지 않아도 된다고 믿으며, 혹자는 그들이 선택한 대의를 위하여 자신은 물론 물질을 쏟아붓기도 한다. 중요한 테스트는 당신이 그것을 어떻게 하느냐가 아니라, 그것을 당신이 하느냐이다.

그것은 참으로 효과가 있는가? 과거 이십 여년 동안 나는 여러 종류의 비영리 단체에서 일했다. 내가 분명히 증거할 수 있는 것은 개인의 참여와 재정의 기여는 너무나 큰 효과를 가져온다. 우리는 때때로 교회와 큰 단체는 우리가 후원하든 안하든 잘 굴러갈 수 있다는 인상을 갖는다. 그러나 그것은 사실이 아니다. 내가 아는 대부분의 기독교 단체와 공동체 기관은 축소 내지 소멸의 벼랑 끝에서 생존하고 있다. 세상을 위하여 기독인의 지속적인 기여야말로 앞으로 우리의 세상을 어느 정도까지 전도할 수 있는 가를 결정하는 최대의 인간적 요소이다.

이처럼 세 수준에의 참여는 세상을 위한 사역에 결정적으로 헌신한다는 것을 의미한다. 그리고 그런 헌신은 건전한 영성에서 필요불가결한 것이다. 예수님의 마지막 말씀은 물러서라는 것이 아니라, 앞으로 나아가라는 것이었다. 두 말할 필요도 없이, 가능한 한 개인적으로 무장되고 성숙해야 하며, 영성을 개인적으로 개발한다는 것은 결코 용서를 구해야 할 어떤 것이 아니다. 그러나 영성은 오직 한 가지의 목적--그리스도가 세상을 회복시키기 위하여 다시 오실 때까지, 하나님은 이 세상을 변화시키기 위하여 우리를 통하여 역사하실 수 있다는 목적--을 위해서이다. 나는 우리의 삶을 위하여 이보다 더 좋은 이유를 생각할 수 없다.

✝ 자신 밖으로 나아가자

각각 자기 일을 돌아볼 뿐더러 또한 각각 다른 사람들의 일을 돌아보아 나의 기쁨을 충만케 하라.　　　　　　　　　빌립보서 2 : 4

침묵을 훈련하라

주님이 당신을 당신 밖으로 확장시킬 수 있는 영역을 알려달라고 간구하라.

명상을 훈련하라

다음과 같은 선교의 수준과 연관지어서 당신은 기독교를 어떻게 표현하고 있는지 살펴보라: 지역 교회, 실제적인 대의, 그리고 재정적 청지기, 긍정적 통찰과 부정적 통찰 사이에 균형을 맞추라.

결단을 훈련하라

하나님이 인도하시리라고 믿는대로 다음 문장을 완성하라: "하나님의 은혜로, 나는 ___________을 위하여 세상으로 가기를 결정합니다."

기도를 훈련하라

하나님이 인도하시는대로 당신 자신을 사역의 통로로 드리라.

읽기를 훈련하라

시편 72편과 사도행전 2장 40-47절을 읽어라.

9

사막의 샘물

영적 고갈(枯渴)은 내 자신은 물론 다른 사람들 안에서 찾을 수 있는 제일의 영적 문제임에 틀림없다. 그것은 기독인의 경험에서 다른 어떤 것보다 더 많은 두려움과 불안감을 낳을 수 있다. 그러나, 불행하게도 우리는 그 문제에 대하여 많이 언급하지 않는다.66) 그 결과, 우리에게 영적 고갈이 생길 때 그것을 극복하기에는 우리는 너무도 짙은 어두움 가운데 있는 것이다.

나는 목회자가 된지 얼마 지나지 않아서 영적 고갈이 얼마나 파괴적일 수 있는 가를 알게 되었다. 어느 주일 저녁 예배 후, 평신도 지도자 한 사람이 서재에서 나를 만나도 좋을지 나에게 물었다. 나는 그의 얼굴에서 무엇인가 잘못되고 있다는 것을 읽을 수

---

66 내게 가장 도움이 된 자료는 월터 트로비쉬의 『영적 고갈』(Spiritual Dryness)이다. 아빌라의 성 테레사 (St. Teresa of Avila)의 『기도의 생활』(A Life of Prayer)은 고갈을 다룬 건전한 충고를 제공한다. 고든 맥도널드(Gordon MacDonald)의 『당신의 영적 열정을 회복하라』(Restoring Your Spiritual Passion)는 이 주제에 관한 가장 훌륭한 현대 서적 중 하나이다.

있었다. 서재에 들어오자, 그는 주저하지 않고 바로 본론으로 들어갔다. "나의 기도 생활은 거의 8개월 동안 실제로 의미없는 것이었습니다. 나는 영적으로 메마르고 고갈되었습니다. 목사님, 나를 도와주실 수 있습니까?"

나는 그의 말에 놀랐는데, 그 까닭은 다른 기독인이 자기의 영적 고갈에 대하여 그토록 솔직하게 시인하는 말을 처음 들었기 때문이었다. 그러나 그의 고백은 삶의 현장에서 유사한 것들을 경험하고 있는 많은 사람들에 의해 수없이 메아리친 바 있었다. 나는 영적인 고갈이 기독교 신앙에서 가장 잘 간직된 비밀 중 하나라는 결론을 내렸다. 그리고 사막에서 방황하는 사람들처럼, 우리는 어디에선가 물을 찾을 수 있으리라는 희망을 가지고 계속 발걸음을 옮긴다.

영적 고갈은 우리가 어떤 것들을 마음 속에 분명히 기억하면 대면해서 처리될 수 있다. 먼저 영적 고갈이 정상이라는 것을 시인하는 것이다. 모든 기독인은 조만간 그것을 경험한다. 문제는 그것이 정상으로 느껴지지 않는 것이다. 영적 고갈은 아프게 한다. 그것은 침체시킨다. 그것은 공허하게 만든다. 그리고 영적 고갈을 경험하고 있는 다른 사람들이 그것을 겉으로 나타내지 않기 때문에 당신만이 그 고갈을 경험하고 있다고 믿을 수 있다. 사실, 사단은 할 수만 있다면 당신으로 하여금 그렇게 믿게 하려고 할 것이다.

이 고갈의 문제에서 사단이 당신을 공격하는 두 가지의 주된 전선(戰線)이 있다. 첫째, 사단은 당신이 혼자라는 것을 확신시키려고 한다. 당신은 고갈을 겪는 동안 교회에서 예배드린 적이 있는가? 그렇다면, 당신은 다른 사람들이 외적으로 드러내는 영적 삶에 대해 아주 예민해지는 것을 느낀 적이 있을 것이다. 당신은 이렇게 자문(自問)한 때도 있었을 것이다, "어떻게 이 사람들은 저렇게 행복할 수 있을까?" 겉으로 드러난 그들의 외적 생활로 인하여 당신의 무기력증(無氣力症)은 그만큼 더 드러나게 되었을 것이다. 당신은 그들 가운데도 당신만큼이나 고갈되어 있는 사람들이 있다는 것을 보지 못하고 당신만이 이처럼 영혼을 괴롭히는 경험을 하고 있다는 잘못된 결론을 내렸던 것이다.

만일 사단이 그 전선에서 우리를 사로잡지 못한다면, 그는 믿음의 역사에서 다른 어떤 기독인도 우리와 같은 문제를 가졌거나 아니면 우리처럼 고갈을 느끼지 않았다고 우리에게 확신시키려 할 것이다. 그러나 그것도 역시 거짓말이다. 그리고 바로 이 시점에서 경건적인 고전(古典)을 알면 당신은 진정으로 도움을 받을 수 있는데, 그 까닭은 그 고전을 통하여 과거의 성자들도 종종 영적 고갈을 경험했다는 것을 당신도 알게 되기 때문이다. 조지 폭스(George Fox)는 3년 6개월 동안 고갈을 경험하면서 지냈다! 존 웨슬리는 얼더스게이트 경험 후에도 고갈과 싸우지 않으면 아니 되었다. 십자가의 성 요한(St. John of Cross)은 그것을 너무나 깊이 경험했기에 고갈에 대하여 『영혼의 어두운 밤』(The Dark Night of the Soul)에서 깊이 기록하였다. 이런 것들을 알게 되면, 영적 거장(巨匠)들조차도 영적으로 고갈된 기간을 오래 가졌다는 것을 이해하게 되어 우리에게 큰 격려가 된다. 그러므로 우리가 그런 시기를 지날 때, 우리가 혼자가 아니며 그렇게 느끼는 최초의 사람이 아니라는 사실을 알 수 있다.

왜 생수가 고갈 되는가

그러나 지식만으로는 영적 고갈에서 우리를 해방시켜 주지 못할 것인데, 그 까닭은 그 원인을 알아야 되기 때문이다. 영적 고갈은 흔히 우리의 삶에서 진행되고 있는 어떤 것에 대한 징조이다.

† 죄가 영적 고갈의 주된 원인이라고 믿는 사람들이 있다. 그들은 이 견해를 "내가 내 마음에 죄악을 품으면 주께서 듣지 아니하시리라"(시편 66:18) 는 구절로 뒷받침하면서, 죄야말로 우리가 영적으로 고갈되게 하는 유일하거나 아니면 주된 이유라고 암시한다. 그들의 해결 방법은 빠르고 간단하다: 고백하고, 회개하고, 그리고 고침받는 것이다.

나는 이에 대하여 적절한 반응을 해야 된다고 믿는다. 무엇보다도, 죄는 영적 고갈의 심각한 원인이다. 하나님의 말씀에 의하면, 불법은 우리를 하나님으로부터 분리시키는 담이 된다(이사야 59:2). 내가 영적 고갈을 경험하고 있을 때, 첫 질문은 이런 것이어야 한다, "주님, 나의 삶에 영적 생명력을 죽이고 있는 죄가 있습니까?" 만일 어떤 죄가 드러나면, 나는 그것을 자백한다. 내가 강조하고 싶은 것은 죄를 심각하게 여기면서 죄가 있다면 우선적으로 그것을 알려달라고 하나님에게 간구해야 한다.

그러나 영적 고갈이 오로지 죄 때문에 생긴다고 단정짓는 문제는 그 고갈을 일구어내는 다른 요소들을 보지 못하게 만든다는 것이다. 고갈의 원인을 죄에게 한정시킬 때, 우리는 가공적(架空的)인 죄와 좌절을 사람들 안에 일으킬 수 있다. 그러므로, 영적 고갈이 다른 요인으로부터도 온다는 것을 기억해야 한다.

그러므로, 내가 영적으로 메마를 때, 나는 하나님께 나의 생활에서 문제를 일으킬 수 있는 죄들을 알려달라고 간구한다. 그리고 내가 죄를 깨우칠 때도 있다. 나는 숨기거나 잊어버리고 한 죄를 인식하게 될 수도 있다. 또는 내가 의식적으로 인식하지 못했던 것일 수도 있다. 그것이 사실이라면, 나는 회개하고 용서를 구한다. 그러나 성령이 나를 책망하시지 않는다면, 그때는 나의 고갈의 원인을 다른 곳에서 찾는다. 다른 원인은 어러 가지로 생각할 수 있을 것이다.

† 두 번째 원인은 소위 정서적 와해(affective breakdown)이다—우리는 하나님 앞에서 생동감을 전혀 느끼지 못한다. 그러나 이 말은 우리가 그분 앞에서 자동적으로 생동감을 느끼지 못한다는 의미는 아니다. 우리는 배우자와 자녀들에 대하여 항상 사랑을 느끼지는 못하지만, 그렇다고 우리가 실제적으로 그들을 사랑하지 않다는 것을 의미하지는 않는다. 우리가 항상 일하러 가기를 원하는 것은 아니나 그렇다고 우리가 직장을 포기하고 싶다는 뜻은 아니다.

우리는 많은 삶의 영역에서 정서적 와해를 경험하나 보통은 그래도 하던 것을 계속한다. 우리는 그 와해를 수용하기에 이르고 그것 때문에 우리로 하여금 탈선하게 하지 않는다. 우리가 영적인 삶에 있어서는 그렇게 하지 않는 것은 불행하다. 다른 영역에서 우리가 수용하고 또 정상이라고 여기는 것을 우리의 영성에서는 우리로 하여금 패배하도록 한다. 우리는 영적 감각이 무딜 때가 있다는 사실을 시인해야 한다. 우리의 기분은 침체된다. 우리의 감정은 정지된다. 우리는 항상 산 꼭대기에서 살 수 없다. 그러나 이런 현상이 일어날 때, 우리는 다른 영역에서 알고 있는 것을 이제 사용할 수 있다: 감정은 돌아올 것이며 느낌의 우물은 다시 넘칠 것이다.

† 고갈의 세 번째 원인은 생리적(physiological) 변화이다. 우리는 몸, 혼, 그리고 영을 지닌 온전한 사람이나, 이것들은 서로 관계없는 개별적인 범주(範疇)로 분리시킬 수 없다. 매일의 생활에서 우리는 한 단위(單位)의 존재로서 기능한다. 한 부분이 와해되면 필연적으로 우리의 영이 고통을 일으킬 것이다.

나는 나의 한 친구가 아무 뚜렷한 이유도 없이 영적으로 "침체" 되곤 하는 것을 알게 되었다. 그는 날씨라든가 아니면 다른 어떤 문제가 원인이라고 꼬집을 수 없었다. 그렇게 된 것 뿐이었다. 어느 기독인 상담자가 그에게 6개월 동안 달력에 이 곡선들을 그려보라고 말했다. 그 기간이 끝났을 때, 그는 놀라운 것을 알게 되었다. 대략 16일에서 18일마다 그는 가벼운 영적 고갈을 경험했던 것이다. 그가 이것을 상담자에게 보고하자, 상담자는 그의 영성과 호르몬 사이에 어떤 연결 고리가 있을 수 있다는 것을 발견하였으며, 따라서 의사를 찾으라는 충고를 하였다.

우리는 한 부분에서 변화를 경험하면 반드시 영적 상태에 다소라도 영향을 미친다. 만일 우리가 신체적 필요, 곧 적절한 다이어트, 충분한 수면과 운동, 그리고 스트레스 관리를 하지 않는다면 영적으로 생동감을 유지할 수 없다.

우리의 신학생 중 다수가 바로 이런 일로 몸부림친다. 그들은 애스베리신학교에 영적으로 생동감을 가지고 오지만, 오래지 않아 그들은 뭔가 잘못되고 있는 변화를 느낀다. 내가 그들을 알게 되면서 발견한 것은 전적으로 공부를 하는 것 이외에, 그들은 결혼했고, 자녀가 있으며, 재정 형편상 매일 밤에 일한다. 어떤 학생들은 이른 새벽에 월모에 돌아와서, 몇 시간 잔 후, 모든 과정을 다시 시작한다. 그리고 이런 궤멸적(潰滅的)인 스케쥴 가운데서, 왜 영적으로 고갈되는지 이유를 알지 못한다!

일과 삶의 페이스(pace)에서 초인간적인 기대 위에 세워진 사회에서, 우리는 영적 고갈이 생리적 원인들과 관련되어 있다는 것을 참작해야 한다. 우리 가운데 육체적 삶에 어떤 수정이 있기 전에는 영적 삶에 전혀 진전을 보지 못할 사람들도 있을 것이다. 이것은 우리의 우선순위와 일정들에 대하여 심각한 결단을 하지 않으면 아니 된다는 것을 의미할 수 있다. 우리 가운데 아무도 촛불의 두 끝을 동시에 태우면서 하나님 앞에 생동감을 누릴 수 없다.

† 영적 고갈의 네 번째 원인은 공급의 부족이다. 간단하게 말해서, 우리는 하나님과의 관계에서 너무 마음대로이며 또한 천박(淺薄)하다. 나는 바로 이것이 나의 삶에서 영적 고갈의 주된 원인이라는 것을 발견한다. 만일 내가 나의 영성에 관하여 별로 계획적이지 않거나, 경건의 시간 없이 나날을 보내거나, 또는 하나님께 짜투리들을 드린다면, 나는 영적으로 메마르게 된다.

여기에서 다시, 나는 일상 생활에서 배운다. 내가 일주일에 밥을 두 번만 먹는다고 가정하자. 얼마 지나지 않아서 나는 몹시 배고프고 또 십중팔구 병이 들 것이다. 내가 한 달에 겨우 한 두 번 나의 가족들과 시간을 보낸다고 가정해 보자. 머지않아 그들은 낯선 사람들처럼 여겨질 것이다. 영성에 있어서도 똑같다. 우리는 영혼을 굶겼기 때문에 메마르게 된다. 우리가 하나님과 충분한 시간을 보내지 않기 때문에 그분은 낯선 이방인처럼 느껴질 것이다.

얼마 전, 부모에 관한 어떤 도서는 질적 시간을 강조했다. 그 이론에 따르면, 시간의 양은 시간의 질만큼 중요하지 않았다. 물론, 이 사고에는 부분적인 진리가 담겨져 있다. 그러나 흥미롭게도, 필자는 지금 "질적 시간의 신화"를 언급하고 있는 것이다.67) 자녀들은 우리의 질적 시간 뿐 아니라 양적 시간을 필요로 한다. 질적 관계를 발전시키려면 시간을 들여야 한다.

우리와 하나님과의 관계도 마찬가지이다. 질(質)은 언제나 우리의 목표가 되어야 하나, 양(量)에 대한 투자 없이는 불가능하다. 우리 각자는 어디에서 하나님과 깊은 관계를 계발(啓發)하는 의미있는 시간을 보낼 수 있는지 알아보기 위하여 우리 삶의 여러 측면을 살펴보아야 한다. 나는 영성의 역사(歷史)에서 영적으로 깊어지기를 원하면서 의미있는 기간을 투자하지 않고 깊은 영적 삶을 영위(營爲)한 사람에 대하여 들어 본 적이 없다.

그러나, 나는 모든 사람이 한결같이 같은 양의 시간을 투자해야 된다고는 믿지 않는다. 성자들이 기도와 경건의 시간에 쏟은 시간의 양을 보면 놀라울 정도로 다양한 것을 알 수 있다. 그들의 본은 오늘날에도 같을 것이라는 생각이 든다. 퇴직한 사람의 필요와 기회는 다섯 살도 안 된 두 자녀를 가진 주부와는 다를 것이다. 독신자는 중·고등학교를 다니는 자녀들을 둔 아버지와는 다르게 계획할 수 있을 것이다. 경건 시간의 양과 질은 언제나 우리 인생의 단계에 부응(符應)해야 한다. 그러나 어떤 연령과 단계에 있든지

---

67 Prudence Mackintosh, "The Myth of Quality Time," *Focus on the Family,* May 1986, pp. 10-12.

상관없이 우리의 영성을 위하여 적절한 양의 시간을 찾아야 할 것이다.

　† 영적 고갈의 다섯 번째 원인은 다른 사람의 형태를 흉내내려는 데에 있다. 우리 모두는 그렇게 하는 성향(性向)을 지니고 있는데, 이런 성향은 우리가 믿음 안에서 성장하려고 노력하는 젊은 날에 특히 심각하다. 우리는 너무나 쉽게 우리의 영적 영웅들을 닮기 원한다. 우리는 읽고 듣는 것들에 의해 지나치게 감명을 받을 수 있다.

　내가 가르치는 과목 중 나는 학생들에게 영성에 관한 면담을 다른 사람과 하도록 시킨다. 나는 두 가지 이유에서 이 과제를 부과한다. 첫째, 학생들이 다른 사람들로부터 도움이 되는 아이디어들을 얻어서 그들 자신의 영성에 긍정적인 기여를 할 수 있게 한다. 그러나 둘째, 대부분의 경우 학생들은 다른 사람의 영성이 개인의 일이라는 것을 알 수 있게 한다. 그리고 이것이야말로 내가 노린 이유이다. 만일 우리가 다른 사람의 경험을 우리 경험의 모형(模型)으로 삼는다면 우리는 영적 활기를 유지할 수 없다.

　나는 우리의 순례의 길이 다른 사람과 너무 닮으려고 의도적으로 노력한다면, 하나님이 우리를 영적으로 고갈케 하신다고 진정으로 믿는다. 왜냐하면 이 시점에서 우리는 파멸하기 시작하고, 우리의 개성을 어떤 다른 사람으로 바꾸기 시작하기 때문이다. 그리고 하나님은 우리가 어떤 다른 사람의 복사본이 되기를 허락하지 않으실 것이다. 그 사람의 영성이 아무리 인상적이라 할지라도 말이다. 우리들은 우리 자신의 독특성을 드러내는 양식과 구조를 발견하기 전까지는 영적 활력을 회복할 수 없을 것이다.

† 영적 고갈의 여섯 번째 원인은 변화—환경적, 발전적, 또는 영적 변화—이다. 우리가 심각한 변화를 경험할 때 우리는 영적 생활에서도 변화를 보게 된다. 만일 우리가 변화의 중요성을 인식하지 못한다면 우리의 영성은 어려움을 겪는다.

나는 우리가 한 도시에서 다른 도시로 이사했을 때 자녀들에게서 이런 변화를 주목하게 되었다. 우리가 먼저 집을 떠날 날이 가까와지면서 자녀들의 질문과 기도가 바뀌기 시작했다. 한편으로는 여러 가지의 의심과 불안에 대한 질문들도 있었다. 다른 한편으로는 미지의 세계를 생각하면서 일어나는 흥분된 마음도 있었다. 우리 가족이 경건의 시간을 가질 때 이러한 요동하는 감정들을 고려해야 했다. 그렇지 않았다면, 우리의 예배 시간에 대하여 아무도 실재감(實在感)을 느끼지 못했을 것이다.

몇 년 전 나는 브루스 라슨(Bruce Larson)의 이야기를 들었는데, 그의 가족이 중요한 결정을 하지 않으면 안 되는 시기에 처한 적이 있었다. 부모가 으레 그렇듯이, 브루스와 그의 처도 이 문제를 그들끼리만 다룸으로 자녀들을 보호하려고 하였었다. 어느 날 저녁 그들이 이야기하고 있을 때 한 자녀가 방으로 들어왔다. 그들이 이야기하고 있는 문제를 그 자녀와 나누지 않을 수 없는 상황이었다. 놀랍게도 이 어린 놈이 잠시 생각하더니 브루스와 아내가 고민하고 있던 문제 하나를 깨끗이 해결하는 대답을 했다. 브루스는 이 사건을 통해 그와 아내가 자녀들을 현실의 문제 가운데로 끌어들여야 하는 것이 얼마나 중요하다는 것을 배우게 되었다고 말했다.

최근에야 우리 가족은 죽음, 병, 이사, 전학, 새로운 친구 사귀기 등의 변화와, 부모가 이혼 중에 있는 친구들의 마음을 우리 자녀들이 이해하게 하는 것을 다루기 시작했다. 이 모든 변화는 영성과 관련시켜야 되는 것이다. 우리의 삶에서 우리 모두가 당면하는 환경적 변화—때로는 오래 지속될 수 있는 변화—가 가장 중요한 문제로 제시될 때가 있다.

발전적 변화—우리 모두가 당면하는 자연적이며, 필연적이고, 생물학적 변화—도 역시 고려되어야 한다. 우리는 이 변화를 연대적으로 생각할 수 있는데, 곧 유아기(幼兒期)에서 노년기—물론 그 사이의 모든 단계를 포함해야 할 것이다—에로의 변화로 생각할 수 있다. 우리는 이 변화를 관계적으로, 다시 말해서, 독신에서 결혼으로, 무직에서 취직으로, 자녀들의 양육에서 그들의 출가로 생각할 수 있을 것이다. 이러한 변화들은 역으로도 일어날 수 있는데, 곧 이혼, 실직, 뜻 밖의 출산 등이 그것이다. 이러한 인간의 발전적 사건들이 우리의 경건 시간에 무시되면 영적으로 고갈될 수 밖에 없을 것이다.

나는 바로 이런 문제를 가진 사람과 상담을 하고 있었다. 우리가 대화를 하면 할수록 나는 그녀가 온실에서 자란 것 같은 경건 생활을 영위하고 있다는 느낌을 받았다. 그 생활은 필요한 모든 요소를 다 갖추고 있었기에 보기에 훌륭하고 깔끔했다. 그러나 그 경건 생활은 일반적으로 열매를 맺지 못했고, 그녀가 당면하고 있는 실제의 상황과는 무관하였다. 우리가 더 깊이 대화할수록 그녀의 고갈된 느낌이 현실의 문제들을 영성의 일정에서 빠뜨렸기 때문에 생긴 사실을 알게 되었다. 그녀의 경건 생활은 마치 정원의 작은 모퉁이만을 돌보느라고 나머지 정원을 잡초로 뒤덮이게 하는 정원사를 연상시켰다.

영적 변화도 역시 고려되어야 한다. 당신의 믿음이 발전됨에 따라, 당신은 영적 젖에서 영적 고기로 전환되어야 한다(히브리서 5:11-14). 그러나 히브리인들처럼 어떤 사람들은 영적으로 고갈되어 버렸는데, 그 까닭은 그들이 더 깊은 곳으로 옮기려고 하기 전에 믿음의 기초를 개인적으로 쌓아놓지 않았기 때문이다. 영성의 사역에서 우리는 사람들이 신앙의 핵심을 파악했다고 가정해서는 안 된다. 많은 사람들이 파악하지 못했다. 그리고 많은 사람들이 파악했다고 하는 가정은 조만간 고갈을 필연적으로 경험하게 할 것이다. 사람들을 너무 빨리 너무 전진한 것처럼 다루면, 그들은 혼란과 좌절에 빠질 뿐이다.

반면에, 어떤 사람들은 계속적으로 영적 젖으로 만족할 수 있다는 생각 때문에 고갈된다. 그들은 초기의 경건 시간의 체계가 끝까지 만족스러울 것이라고 가정한다. 나는 이 점에 대해서 많은 학생들과 상담했다. 그들 가운데는 상당히 성장했는 데도 불구하고 초기의 영적 생활 방식을 억지로 고수(固守)하기 때문에 영적으로 고갈되었다. 그들은 얕은 곳에서 깊은 곳으로 옮겨야만 한다. 영적 삶이 깊어 갈수록, 우리가 영적 아이였을 때 초기의 방법들이 성장의 도전을 준 것처럼, 우리로 하여금 성장의 도전을 줄 수 있는 새로운 방법과 자료를 필요로 한다.

당신은 당신의 삶에서 변화를 경험하고 있는가? 그 변화들을 당신의 영성에 중요한 일부로 만들라. 성경을 그 변화들에 연관시키라. 그 변화들에 대하여 기도하라. 변화를 다룬 이차적 자료를 찾아라. 그 변화들에 대해서 기독인 친구와 나누어라. 일기를 쓰고 있다면 일기에 그 변화들을 기록하라. 당신이 하나님께 드리는 공예배에 참석할 때 당신의 관심사들을 가지고 가라. 이 변화들을 당신의 영적 삶의 영역 안으로 가지고 가라. 그리하면 하나님의 은총이 그것들을 다룰 수 있으리라.

† 영적 고갈의 일곱 번째 원인은 십중팔구 당신을 놀라게 할 것이다. 어떤 경우에는 영적 고갈이 우리로 하여금 새롭거나 아니면 다른 어떤 것으로 전진하게 하는 하나님의 방법이다. 예를 들면, 만일 내가 성경을 펴서 요한복음을 읽을 때마다 엄청난 뜻을 발견한다면 나는 결코 다른 65권의 책을 찾으려 하지 않을 것이다. 성경의 어떤 부분이 아무리 의미가 깊다손 치더라도 성령은 나로 하여금 다른 곳을 읽게 하실 때가 반드시 올 것이다. 그리고 하나님은 나로 하여금 말씀 밖으로 인도하셔서 기독교의 역사에서 넘쳐나는 많은 경건의 (역사적이며 현대적인) 고전들에서 감화를 받게 하실 때도 있다. 그뿐 아니라 독서가 초점이 아니고, 음악이나 예술 같은 다른 방법으로 하나님이 말씀하실 때도 있다.

기도에 있어서도 마찬가지이다. 만일 내가 기도할 때마다 자백에 초점을 맞추면, 성령은 나에게 찬양, 중보, 간구 등을 포함한 좀 더 균형잡힌 기도 생활을 갖도록 도전하실 때가 있을 것이다. 여러 가지의 기도 이외에, 주님은 새롭고 다른 기도의 형태—기록된 기도의 사용, 침묵의 기도, 기도 동반자 등의 형태—로 인도하실 수 있다. 중요한 사실은 이것이다: 하나님은 우리의 영성이 균형을 잃지 않고 보다 거대한 다양성과 완전성으로 나아가도록 애를 쓰게 하신다. 영적 고갈의 시간들이야말로 우리의 발전을 위해서이다. 영적 고갈은 우리로 하여금 새로운 것들을 시도하고 또 영적 삶의 새로운 차원을 찾도록 동기를 부여한다.

　나의 친구 하나는 성경을 정성스럽게 암송하면서 그의 경건 시간 대부분을 할애하였다. 그러나, 시간이 흘러감에 따라 성경 암송은 그 의미를 조금씩 잃어갔다. 그는 성경 암송을 기쁨으로 여기기 보다는 힘든 일로 여겼다. 성경 암송이 무미건조하고 기계적이 되었다. 그는 성경 암송에 너무 많은 정력을 쏟았기 때문에, 그의 첫 가정은 그의 영적 삶에 무슨 문제가 있다는 것이었다. 그러나 계속적 묵상과 기도에 몰입(沒入)하면서 그는 다른 것들을 희생하면서 성경 암송에만 집중했다는 것을 알게 되었다. 하나님은 그를 넓히고 균형잡힌 사람으로 만드시고 있었다. 그가 이것을 깨닫자 영적 삶의 기쁨이 돌아왔다. 그는 계속해서 성경을 암송했으나, 그의 영성에 다른 새롭고 흥분되는 것들을 포함시켰다.

　우리는 모두 영적 무기력(無氣力)의 문제와 씨름해야 한다. 이스라엘 백성들은 광야에서 방황할 때, 거듭 거듭 불평했는데, 마침내 애굽으로 다시 돌아가기를 원하는 지경에 이르렀었다. 초대 기독인들은 이방 세계라는 불확실을 위하여 예루살렘이라는 안전을 포기하기 어려워했다. 결국 그들은 핍박을 통하여 하나님이 그들을 원하시는 곳으로 보내셨다. 우리도 영적 생활에서 어떤 양식과 실천에 너무 편안해 하는 우리 자신에 놀라지 말라. 그러나 우리가 이런 모습을 발견한다면, 조만간 성령에 의하여 도전 받을 것을 기대해도 좋을 것이다. 만일 우리가 거부한다면 우리는 영적으로 고갈되어 가는 자신을 보게 될 것이다.

　† 영적 고갈의 여덟 번째 원인은 섭취와 배출(intake & outflow), 다시 말해서 신앙의 적용을 중심으로 일어난다. 몇 년

전 나는 영적 고갈의 기간을 지나고 있었다. 내가 그 원인에 대하여 기도했을 때, 얼핏 듣기에 이상한 응답을 받았다. 주님은 말씀하셨다, "네가 고갈되어 있는데 그 원인은 너의 경건 생활에 뒷문이 없기 때문이다." 뒷문이라고? 그게 무슨 의미인가? 얼마 지나지 않아서 나는 그 의미를 깨달았는데, 경건의 시간을 유지하는 데는 충실했지만 그 시간이 암시하는 것들을 생활화하는 데는 충실하지 못했던 것이다. 다시 말해서, 나는 경건의 시간으로 들어가는 것은 제법 잘 했으나, 그것에서 나오는 것은 잘하지 못했다. 섭취는 적절했으나, 배출은 그렇지 못했다.

이것은 분명히 영적 형태의 낭비이다. 이러한 접근은 적용보다는 저축을 강조하는 영적 삶의 방식이다. 그것은 나의 생활에서 "인내"라는 제목으로 놀라운 경건의 시간을 가진 후, 얼마 지나지 않아 자녀들에게 고함을 지르고 있는 나 자신을 발견하는 것을 의미했다. 내 영적 삶의 열매가 부족했던 것이다. 나의 머리와 가슴은 참되고 능력있는 정보로 가득차게 되었으나, 그 안식(眼識)이 나의 의지로 전달되어 행동으로 옮기지는 못했던 것이다.

"사용하라, 그렇지 않으면 잃으리라"는 속담은 바로 여기에 해당된다. 영적 삶은 저장될 수 없다. 적용되지 않으면 그것은 증발해 버린다. 이스라엘 백성들과 만나의 이야기를 기억하는가? 만나는 저장될 수 없었다. 만나는 보인 그날에 모아서 먹지 않으면 안되었다. 마찬 가지로, 우리의 영적 삶은 지금을 위해서이다. 우리가 연구와 기도의 시간에 배운 교훈들은 우리의 삶에 상응(相應)하는 변화를 일으켜야 한다.

나는 성경을 읽고 경건 서적을 읽을 때, 언제나 손에 색연필을

쥐고 읽는다. 나는 그날 나를 위한 하나님의 말씀이 될 단어, 구절, 문장, 단락 등을 기도하는 마음으로 찾는다. 나는 밑줄을 긋고 그것을 생각하면서 시간을 보낸다. 그리고 그날 가능한대로 자주 그것을 떠올려서 적용하려고 애를 쓴다. 그날이 끝날 때, 나는 얼마나 잘 적용했는지 돌이켜 본다. 이렇게 함으로써, 나는 섭취와 배출의 간격을 줄이려고 노력한다. 이런 방법으로 나는 경건의 안식을 책에서 삶으로 옮긴다.

† 아홉 번째 영적 고갈의 원인은 구획화(區劃化)이다. 이 단어는 무거운 말인데, 그 의미는 우리의 경건의 시간이 나머지의 삶과 담을 치고 있다는 것이다. 이것은 섭취와 배출에 연관되어 있으나, 본 장의 목적 때문에 우리는 별도로 생각하고자 한다. 근본적인 문제는 우리가 영성을 "경건의 시간"을 유지하는 것으로 생각하지 "경건의 삶"으로 생각하지 않는 것이다. 우리는 영성을 그렇게 정의하였기 때문에 그 결과 영성이란 지정된 경건의 시간에만 나타나는 것으로 보는 것이다.

여기에서 고전적 경건 서적의 지식이 실제로 우리에게 도움이 될 수 있다. 옛 성자들은 진정한 영성이란 삶 전체로부터 결코 분리될 수 없다는 것을 알고 있었다. 특정한 경건의 행위는 나머지 삶과 연결시키려는 것이 목적이었다. 그리고 뒤집어서 말하면, 일과 중의 어떤 사건도 하나님과 만나기 위한 기회가 될 수 있는 것이다. 예수님이 주님이시기에 어느 순간도 하나님의 순간이 될 수 있다. 성자들의 삶을 읽을 때, 우리는 그들이 하루 종일 하나님을 발견하며, 또 그 발견을 끊임없는 경건의 지점—"쉬지 말고 기도하는" 지점—에 이르기까지 추구하였다는 것을 발견한다.

이처럼 지속적인 경건의 개발이야말로 실제로 구체적인 경건의 행위를 의미있게 만드는 것이다. 만일 우리의 경건이 삶에 어떤 영향도 미치지 못한다면 우리는 즉시 믿음의 기쁨을 잃게 될 것이다. 예수님이 이 세상에 오신 것은 우리로 하여금 더 잘 믿게 하기 위해서만이 아니라, 우리로 하여금 더 나은 사람이 되고 또 더 잘 살게 하기 위해서이다. 기독인의 믿음은 지적일 뿐 아니라, 행동적이다. 우리의 믿음을 상자 속에 넣어두어, 어떤 특별한 날이나 행사나 계절을 위해 간직할 때, 우리의 영적 고갈은 반드시 우리를 찾아 온다.

나는 영적 고갈의 원인에 대해 상당히 많은 시간을 쏟았는데, 그 목적은 많은 것들이 우리로 하여금 영적으로 고갈되게 한다는 것을 보여주기 위해서였다. 나는 여러 가지 이유를 선택했는데, 그 이유는 당신도 여러 가지 다양한 원인 때문에 영적 고갈을 경험할 수 있다는 것을 보여주기 위함이었다. 죄는 항상 가능한 원인으로 심각하게 다루어져야 하나, 그것만이 유일한 원인으로 보아서는 안된다.

기억을 새롭게 하라

우리가 영적으로 메마를 때, *기억*이라는 자원을 의지하면 도움이 된다. 영적 삶의 묘미(妙味) 가운데 하나는 하나님이 우리의 기억을 지워버리지 않으시며, 오히려 하나님은 우리의 기억을 치유하신다는 것이다. 만일 하나님이 우리의 기억을 지워버리신다면, 너무나 많은 좋고도 긍정적인 경험들이 그 과정에서 상실될 것이다. 영적으로 메마를 때, 우리는 하나님이 우리에게 가까이 하셨을 때 뿐 아니라 우리의 믿음이 생생했던 과거의 순간까지 기억해 낼 수 있다.

이십 년이 훨씬 지난 지금도, 하나님의 현존(現存)이 나의 생애에서 의미있게 역사하던 몇 번의 성찬식을 나는 여전히 소중하게 기억하고 있다. 그 밖에 다른 많은 순간들이 내 기억의 창고 깊숙히 저장되어 있다. 고갈의 때에 그 기억들을 최대한도로 사용하여 내 믿음의 실재와 하나님의 실재를 나 자신에게 상기시키게 한다. 기억이라는 자원을 사용하면서 나는 성경에서 기억한다는 개념이 얼마나 중요한 가를 알게 되었다. 망각은 영적 생활에서 위험하다. 기억은 회복과 단련 그리고 치료의 도구이다.

노먼 빈센트 필(Norman Vincent Peale) 박사는 몇 년 전 심한 우울증으로 고생하는 어떤 사람이 그를 찾아왔던 이야기를 들려주었다. 그 사람은 인생이 실제로 살아야 할 가치가 없는 것이라고 믿게 되었다. 조심스럽게 필 박사는 그에게 그의 과거에서 소중했던 순간들—삶은 유익하고 하나님이 실재하였던 순간들—을 회상해 보라고 하였다. 하나씩 하나씩 그 사람은 기억의 창고에서 여러 해 전부터 바로 현재에 이르기까지 더듬으면서, 사건들을 끄집어 내었다. 모든 기억들은 한결같이 식탁에 벌려 놓은 물건과도 같았다. 치료가 끝날 즈음, 식탁은 실제적 사건들, 사람들, 그리고 상황들로 가득찼는데, 그 모든 것들은 인생이란 살 가치가 있는 것이라는 사실을 증명해 주었다.

당신도 마음 속에 똑같은 회상을 지니고 있다. 그러한 이유 때문에 하나님은 당신에게 기억을 주신 것이다. 고갈을 느낄 때, 커피나 차가운 차를 가지고 조용한 곳으로 가라. 그리고 당신의 기

억으로 하여금 쏟아져 나오게 하라. 옛 찬송가의 노래처럼 해보
라,

　"당신의 많은 축복을 헤아려 보라,
　그것들을 하나씩 말해 보라,
　그리하면 주님이 해주신 것들로 인하여
　당신은 놀라고 말 것일세!"

　당신은 소중한 기억들의 목록을 일기에 기록해 둘 수도 있을 것
이다. 그리하면 당신은 거듭 거듭 그 기억들을 되뇌일 수 있을 것
이다. 당신은 이렇게 생각할 수도 있을 것이다, "그러나 만일 내가
그렇게 하면, 고통스럽고도 불쾌한 기억도 함께 회상될 것이라."
그것도 사실이나, 자연스럽게 기억들이 흘러나오게 하면서, 할 수
있는대로 많은 것들을 여과(濾過)시키도록 하라. 가능한 한 당신
생애의 좋은 경험들에 전념하라. 당신이 영적 삶에서 성장할수록,
좋은 기억 뿐만 아니라 나쁜 기억도 받아들일 수 있게 될 것이다.
그러나 만일 이런 것이 당신에게 생소하다면, 당신의 삶에서 나타
난 하나님의 신실, 사랑, 및 보호와 같은 회상에 집중할 것을 나는
권하고 싶다.

　동시에, 예수님은 당신 삶의 나쁜 그리고 고통스러운 순간들을
이기신 승리자이심을 기억하라. 그런 것들은 당신을 따라다닐지
는 몰라도, 당신을 해칠 수는 없다. 그리스도는 당신 과거의 모든
어두웠던 순간들을 용서하시려고 단번에 죽으셨다. 당신이 이 사
실을 받아들이기가 쉽지 않으리라는 것을 나는 인정한다. 사실,
가장 고통스러운 기억들이 치유되기 전에 상담이 필요할 수도 있
다. 그러나 지금 당장은 당신의 과거에서 나오는 어떤 것도 그것

을 정복하는 그리스도의 능력보다 큰 것은 결코 존재하지 않다는 것을 기억하라. 사실, 복음이란 예수님이 십자가 위에서 그것을 결정적으로 처리해 버리셨다는 것이다.

우리의 믿음이 성숙함에 따라, 우리는 고통스러운 과거조차도 현재에 긍정적인 결과들을 성취하는데 사용될 수 있다는 것을 발견한다. 다른 말로 하면, 나의 상처와 실패를 반성함으로 나는 배우고 성장할 수 있다. 이것은 유쾌하지 않으나 생산적일 수 있다. 누가 알콜 중독자에게 아주 효과적으로 사역할 수 있는가? 물론 과거 알콜 중독자였던 사람이다. 누가 심장수술을 받아야 될 사람들을 아주 잘 도울 수 있는가? 두 말할 필요도 없다! 심장수술을 받아본 사람들이다. 어느 누구도 알콜 중독자나 심장병을 원하지 않지만, 그러나 나중에는 이런 고통스런 것조차도 유용한 기억으로 전환될 수 있다.

지니와 나는 한 친구를 알고 있는데, 그녀는 알콜 중독자와 고통스러운 관계를 가지면서 결혼 밖에서 임신까지 하고 있었다. 그녀는 그 남자와 결혼하였으나, 몇 달도 지나지 않아서 그와 이혼하지 않으면 안 되었다. 그 후 그녀는 집으로 돌아와서 산산조각난 삶을 다시 찾으려고 애썼는데, 거기다 혼자서 아이까지 길러야 했던 것이다. 그녀는 결단코 그와 같은 처참한 삶을 의도하지도 않았으며, 일단 그렇게 된 후 그 삶의 상처를 극복하는데 여러 해 걸렸다. 그러나 동시에, 그녀는 같은 아픔을 겪고 있는 젊은 여자들을 이해할 수 있었는데, 우리 대부분은 결코 그녀처럼 깊이 이해할 수는 없었다.

당신은 당신의 삶에서 부정적이고도 고통스러운 기억들을 가지고 있는가? 당신은 당장 그러한 것들을 겉으로 끄집어낼만한 영적 능력을 가지고 있지 못할 수도 있다. 당신의 신앙 생활 가운데 긍정적인 면들에 우선 집중해보라. 그러나 언젠가는 당신도 부정적인 기억들조차 수용할 수 있을 때가 오리라는 확신을 가지라. 그런 것들을 통해서 당신은 새로운 차원의 하나님 은혜와 능력있는 사역의 통로를 발견할 것이다.

강물은 여전히 흐른다

당신은 영적 고갈이 영원히 지속되지 않는다는 사실을 확신해도 좋다. 과거에도 그런 적이 없었으며 앞으로도 그렇지 않을 것이다. 영적 고갈은 *언제나* 일시적이다. 영적 삶의 축복과 열정은 돌아오고야 말 것이다. 그러므로 포기하지 말라. 참고 기다리라. 영적으로 고갈될 때, 우리는 포기하고픈 유혹을 받는다. 그러나 그렇게 하는 것은 잘못된 것이다. 영적 삶의 회복이 있을진대, 우리는 영적 훈련을 지속적으로 실천해야 한다.

당신은 경건의 생활을 단순하게 할 필요가 있을지도 모른다. 나는 사람들이 영적으로 메마를 때 조심스럽게 줄일 것은 줄이라고 충고할 때도 있다. 왜냐고? 영적 고갈의 문제는 종종 너무 많은 것을 하므로 생길 수가 있기 때문이다. 너무 많을 것들은 욕구를 앗아간다. 그래서 나는 사람들에게 충고한다, "줄이세요 그리고 당신의 마음에 집중하세요. 당신이 충분히 줄이면 욕구가 다시 일어날 것입니다. 그리고 그것이야말로 당신이 무엇보다도 추구하던 것입니다. 필요의 인식은 새로운 소망과 실천을 시작할 수 있는 새로운 기초가 될 수 있습니다. 긴장을 풀고 조금 물러서는 것을 두려워 마십시오. 잠시 노력하기 보다는 신뢰하십시오."

줄이는 동안 당신의 영적 삶에서 즐길 수 있는 것들에 집중하라. 만일 당신이 고갈되어 있다면, 이렇게 물어볼 수 있다, "어떤 것을?" 당신에게 실마리를 하나 주고 싶다. 당신이 하나님과 30분 내지 한 시간을 보낼 수 있다면, 그 시간을 어떻게 보내길 원하는가? 성경 읽기? 기도? 음악 감상? 작시(作詩)? 산보? 정원 가꾸기? 좋아하는 운동? 사진 촬영? 무엇이든지 말해보라. 그리고 하나님의 영광을 위하여 그것을 하라. 이 말은 취미 생활이 영적 훈련과 동등한 가치를 지닌다는 의미는 아니다. 다만, 하나님은 그러한 수단을 통해 당신을 새롭게 하실 수도 있다는 것을 의미한다. 원리는 당신의 삶에서 종종 즐거움의 근원이 된 것들을 통해서 고갈을 종식(終熄)시킬 수 있다는 것이다.

나는 수업 중 이 원리에 대하여 강의하고 있었다. 수업을 마친 후, 한 학생이 남아서 대화를 하였다. 그녀는 말했다, "떠가기 전, 내가 선생님의 말씀을 제대로 이해하였는지 확인하기 원합니다. 그리고 제대로 이해하였는 지를 알아보기 위하여, 나는 경건의 시간 중 기타를 켜도 괜찮은지 묻고 싶습니다." 나는 그 학생의 질문에 놀랐다는 사실을 인정하였으나, 그녀가 심각하다는 것을 알 수 있었다. 나는 더 설명해 보라고 그녀에게 요구했다.

그 학생은 아침마다 날씨가 좋으면 일찍 일어나, 밖으로 나가서 벤치에 앉아 있었다고 말했다. 거기서 그녀는 기타를 치곤 했다. 어떤 아침엔 즉석에서 작곡을 하기도 했다. 또 어떤 아침엔 자신이나 다른 사람이 쓴 곡을 연주하기도 했다. 그녀는 말을 이었다, "그리고 나는 시계를 보며 생각하죠 '이제 끝낼 시간이니 안으로 들어가서 경건의 시간을 가져야지.'" 그녀는 이렇게 말하면서 우리의 대화를 끝냈다, "내가 오늘 선생님의 말씀을 제대로 들었다면, 선생님은 내가 이미 기타를 치는 동안 경건의 시간을 가졌다고 말씀하신 것이었죠."

정확하다! 너무나 간단하기 때문에 우리는 거듭 거듭 그것을 놓친다. 어디에선가 우리는 즐길 수 있는 것들은 경건 시간의 일부가 될 수 없다는 개념을 가지게 되었다. 우리는 재능과 취미를 배제(排除)시켰으며, 우리 가운데 많은 사람들에게는 이런 것이 하나님에 대한 우리의 신앙을 표현하는 것들이다. 우리 가운데는 이런 것들을 다시 영성이라는 원 안으로 꼭 들여 보내야 할 사람들도 있다. 이런 것들은 우리의 신뢰를 회복시키며 우리를 영적 고갈에서 벗어나게 하는 매개(媒介)가 될 수 있다. 사실상, 우리가 그런 것들에 더 많은 관심을 가진다면, 그렇게 자주 영적 고갈을 느끼지 않을 수도 있다!

"나는 영적으로 고갈되어 있습니다. 도와줄 수 있어요?" 나는 이런 말을 너무 자주 듣기에 이 장(章)을 뺄 수 없다. 영성은 고갈의 때를 무시하지 않는다. 영성은 사람들도 무시하지 않는데, 그 까닭은 그들이 고갈의 때를 경험하기 때문이다. 영성은 골짜기와 광야의 경험을 수용하며, 사람들을 위하여 그 해석을 해 주며, 궁극적으로 그들을 영적 고갈에서 나올 수 있도록 한다. 영적 고갈의 부인(否認)은 오히려 우리를 절망의 수렁으로 더 깊이 밀어 넣을 뿐이다. 인정은 치유를 향한 첫 걸음이다. 나는 당신의 영적 고갈이 얼마나 오래 지속될른지 말해 줄 수 없다. 그러나 내가 한 가지 확실히 아는 것은 이것이다: *고갈은 영원히 지속되지 않을*

것이다. 생수의 강은 다시 흐를 것이다!

✝

절망을 넘어라

나의 영혼이 주의 구원을 사모하기에 피곤하오나 나는 오히려 주의 말씀을 바라나이다.   시편 119 : 81

침묵을 훈련하라

어렸을 때 어둠 속에 있는 당신을 누군가가 돕거나 위로하려고 다가왔던 때를 회상하라. 그리고 누군가 가까이 있다는 것이 얼마나 좋게 느껴졌는 가를 기억하라. 하나님이 이처럼 당신에게 다가오셨던 경우들을 회상할 수 있는가?

명상을 훈련하라

이 장에 나오는 영적 고갈의 원인들을 복습하라. 당신을 잘 묘사하는 두드러진 것이라도 있는가? 시간을 내어서 그것을 보다 깊이 규명하라. 그것을 직접 다루는 "영적 처방"을 스스로 기록하라.

결단을 훈련하라

당신이 영적으로 고갈될 때, 할 수 있는대로 순종하고 주의하라.

기도를 훈련하라

만일 당신이 지금 당장 영적으로 고갈되어 있다면, 기독인 친구에게 당신을 위하여 기도를 부탁하라. 당신이 누군가 갈급한 것을 알면 그를 위하여 중보하라. 사랑의 말이나 행동을 통하여 당신의 기도를 뒷받침하라.

읽기를 훈련하라

시편 13편과 고린도후서 1장 8-11절을 읽어라.

10

모험의 언저리

때때로 예수님의 초기 사도 중 하나라면 나는 어떤 사람이 되었을까 궁금하다. 이 사람들 대부분은 예수님과 이미 접촉을 가졌었다는 암시가 있다. 이러한 접촉은 제한적이기는 하지만 그리스도의 완전성을 그들에게 확신시켜 주기에 충분한 것처럼 보였다. 그리고 이것이 근거가 되어 그들이 후에 제자도(disciple-ship)에로의 초청을 받아들일 수 있었다고 나는 믿는다.

초청은 놀라울 정도로 단순했다, "나를 따라 오너라. 내가 너희로 사람을 낚는 어부가 되게 하리라"(마가복음 1:17). 그리고 그 이야기를 읽는 우리에게도 똑같이 놀랍게도 그들은 빨리 응답했다. 그 의미가 무엇이든 간에, 열 두 제자들은 예수님이 그들이 감히 거절할 수 없는 어떤 것을 그들에게 제공하고 계시다는 결론에 도달했다. 그분의 초청은 모험의 도박을 포함하였다. 그 초청은 그들을 어디로 인도하겠다는 분명한 지시는 없을망정 약속을 제공하고 있었다. 그들은 모험의 언저리에 있다는 것을 알았으며,

또한 예수님이 그들을 부르시는 것의 일부가 되기를 원했다.

나는 당신도 그렇게 느끼기를 바란다—영적 삶을 영위하라는 초청은 당신이 감히 거절하지 못하는 제안이다. 당신도 그리스도와 함께 모험의 언저리에 있다는 것을 느끼게 되기를 나는 소망한다.

주님을 처음 따랐던 열 두 제자들처럼, 우리들 가운데 아무도 우리의 제자도에 대한 암시가 무엇을 함축하는지 알지 못한다. 그들처럼 우리에게도 초청은 도전적이나 구체적이지 않다. 그 초청은 모험과 불확실의 요소를 내포한다. 그것은 그 초청을 성취할 때에만 실현될 수 있는 그런 초청이다. 그리고 역사(歷史)가 스승이라면, 우리는 초청이 획일적(劃一的)으로 경험되지 않으리라는 것을 안다—그것은 우리만큼이나 개별적이다.

번역본 중에는 '되다'(become)라는 단어가 초청의 일부가 된 것도 있다. 신개역 흠정역(New King James Version)은 이렇게 번역한다: "나를 따라 오너라. 내가 너로 사람을 낚는 어부가 되도록 하리라." 나는 이것이 좋은 번역이라고 믿는데, 그 까닭은 초청에 역동성을 부여하기 때문이다. 우리는 제자도를 종점이나 졸업일 같은 것으로 생각하기 어렵다는 것을 발견한다. 초청은 지속적으로 발전하고 확장되는, 그리고 모험의 느낌이 결코 사라지지 않는 그런 삶으로서의 제자도를 드러낸다.

우리가 영성이라는 그리스도의 학교를 졸업하거나 은퇴하지는 않지만, 모험의 느낌은 항상 있는 것은 아니다. 그것은 올라갔다 내려왔다 한다. 어떤 때는, 그 느낌이 너무 강해서 그것에 거의 압도당할 정도이다. 어떤 때는, 그것이 거기에 있다고 할 수 없을 정도여서 우리는 영적으로 고갈을 느낀다.

나의 영성에서, 나의 신앙에 계속적으로 모험을 유지시켜 주는 어떤 것을 발견했다. 그것이 자동적이거나 절대 틀리지 않는 것은 아니지만, 그것은 나에게 매우 소중하다—내가 발전과 역동성의 느낌을 유지하는 제자도를 지탱하려고 노력할 때 더욱 소중하다.

나의 영적 진전과 연관시켜서 내가 이와 같은 기도를 자주 하는 것은 유익하였다. "주님, 당신의 은혜 가운데서 성장하기 위하여 나의 생애 가운데 이 시점에서 내가 무엇을 하기를 당신은 원하십니까?" 내가 발견한 것은 이렇게 기도할 때, 나는 나의 영성의 본질과 방향을 위하여 신선한 통찰력을 얻는다. 반복적으로, 이 기도에 대한 하나님의 응답으로, 그분은 나의 영적 삶에서 계속적인 모험의 느낌을 주셨다.

† 그 기도는 "주님"으로 시작된다. 이것은 하나님이 나의 영적 진전에서 항상 기준이 되어야 한다는 사실을 나에게 상기시킨다. 갖 가지 아이디어와 자원들이 풍부한 날에, 최신판 책이나 레코드 또는 테이프에 의지하여 영성이 개발될 수 있다고 생각하기 쉽다. 그러나 내가 그런 것을 허용한다면, 나는 "현대라는 종교"의 제물로 전락할 것이다.

광야에서 받으신 예수님의 시험을 해석할 수 있는 방법은 여러 가지이다. 그러나 그 시험에서 우리가 분명히 주목해야 할 것은 예수님으로 하여금 자신의 내부에서 일어나는 아버지와의 대화보다 외부의 음성에 반응하게 하려는 사단의 시도이다. 공격 당할 때마다, 예수님은 하나님의 말씀을 신뢰하면서 굴복하지 않으셨다. 그분은 성경과 성령의 내적 지시에 절대적으로 경청하셨던 것이다.

여러 해 동안, 나는 사람들이 어려움에 빠져드는 것을 보았는데, 그들은 신앙 성장이 외적 영향과 제안에 의해 전적으로 결정된다는 그릇된 가정(假定)을 가졌기 때문이었다. 이러한 결과는 종종 좌절과 목적 상실이었다. 그들은 다른 사람들이 사용하고 있는 것을 읽거나 행해야 한다고 생각하였다. 그들은 하나님의 음성보다는 그룹 리더의 제안이나 현재의 베스트셀러의 제안에 더 귀를 기울였다.

나는 다른 사람들이 우리에게 알려주는 길을 전혀 가지 말라고 제안하는 것은 아니다. 하나님은 동료 신앙인들의 지침을 통하여 인도하시는 때도 분명히 있다. 그러나 외부의 제안은 더 깊고 내적인 성령의 음성과 관련되어야 한다. 왜냐하면 우리의 성장과 성숙은 결국 하나님이 인도하셔야 가능한 문제이기 때문이다. 우리의 발전을 위하여 우리가 찾아야 될 분은 바로 그분이시다. 그러므로, 기도는 "주님"으로 시작되는 것이다.

이러한 기도의 명상 과정은 흔히 어느 정도의 시간이 소요되는데, 나에게 그런 과정은 흔히 홀로 조용히 있을 때 이루어진다. 기도 자체는 짧을 수 있으나, 그 과정은 길어질 수 있다. 영적 성장에서 하나님을 기준점으로 삼는다는 것은 응답이 빠르게 온다는 것을 의미하지는 않는다. 그러나 그것은 우리의 걸음이 그분에 의해 결정된 그런 과정에 우리 자신을 드렸다는 것을 의미한다.

내가 하나님을 기다리는 제목에 관하여 사람들에게 강의를 하자, 어떤 사람이 이런 필연적인 질문을 했다, "당신은 순례의 여정에서 다음 단계를 기다리면서 무엇을 하시나요?" 나는 이렇게 대답하였다, "나는 마음에 드는 것을 합니다." 이것은 다른 말로 한다면 내가 상당히 즐기는 것을 한다는 말이다. 나는 순례의 길에서 나에게 많은 양식을 공급했던 성경으로 돌아 간다. 나는 그 동안 읽기를 원했으나 지금까지 읽을 시간을 얻지 못한 책을 선택한다. 이렇게 할 때, 어떤 때는 이것이 새로운 방향의 수단이 되기도 한다. 그러나 그렇지 않을 때라도, 그것은 보다 구체적인 지시가 올 때까지 즐겁고 가치있는 막간(幕間)이 된다.

그러면 하나님은 그분의 뜻을 *어떻게* 우리에게 보여주시는가? 나는 아직도 하나님의 뜻을 분별할 수 있는 확실한 단계가 무엇인지를 발견해야 한다. 모든 단계는 당면한 문제들과 일치해야 한다. 그러나, 우리가 하나님의 형상으로 창조되었기에 하나님의 뜻을 알 뿐 아니라 행할 수 있다는 것을 나는 믿는다. 그러한 앎은 제반 영적 훈련의 방법들, 교회의 참여, 영적 지도와 충고, 때로는 묘사할 수 없는 깊은 내적 확신 등을 의식적으로 사용할 때 온다. 하나님의 뜻에 대한 우리의 지식은 완벽하지 않으며, 따라서 우리는 상황을 잘못 읽을 때도 있다. 그러한 이유 때문에 우리는 하나님의 뜻을 찾는데 한 가지 방법만을 사용해서는 아니 된다. 우리는 다른 사람의 충고와 비판에 우리의 생각을 드러낼 수 있어야 한다. 그리고 우리는 겸손하게 살면서 우리가 잘못하면 그것을 언제나 시인해야 한다.

† 기도문의 구절은 이렇다, "내가 무엇을 하기를 당신은 원하십니까?" 이 표현은 두 말할 여지 없이 하나님이 감독자라는 개념을 강조하나, 그것은 동시에 기도문에 새로운 개념 두 가지를 소개하기도 한다. 그것은 "나"를 장면 속으로 끌어들이며, 그렇게 함

으로써 영성의 계획을 개인화(個人化)시킨다.

당신은 영적 형성과 개발에서 내가 개인화하는 것을 좋아하는 것을 이미 인식했을 줄 확신한다. 우리가 범하는 가장 심각한 오류(誤謬) 중 하나는 우리의 개성을 가상적(假想的)인 어떤 영적 삶의 이미지(image)와 바꾸는 것이라고 나는 믿는다. 우리는 우리의 가치와 인격이 우리가 구입하는 물건과 우리가 입는 옷을 통해 투사되는 이미지에서 보여진다고 믿는 시대에 살고 있다. 우리의 복장과 자동차가 우리의 실존을 세상에 알리는 유일한 방법인 양, 그것들로 "진술문을 작성해야 된다"는 중요성에 대하여 듣는다.

그러나 만일 우리가 영적 발전에 그러한 법칙을 사용한다면, 우리는 우리의 독특성을 영적 삶이라는 중성화(中性化)된 변형(變形)에다 팔아버리는 꼴이 될 것이다. 우리의 초기의 영적 순례에서는, 획일성(劃一性)이라는 안전과 지시를 필요로 할 수도 있다. 그러나 이러한 방법을 고수하는 것은 하나님이 우리를 만드시고자 하는 것을 심각하게 제한할 수 있다. 우리가 신앙의 삶에서 성장할수록, 우리를 가장 독특하게 표현하는 우리의 여러 국면의 인격을 통해 흐르는 하나님의 은혜를 발견해야 한다.

진실을 말하라(To Tell the Truth)는 텔레비전 프로그램에서, 세 사람이 각각 똑같은 사람이라고 주장한다. 한 사람씩 조사한 후, 이와 같은 마지막 질문을 한다. "진짜 ________는 일어나시겠습니까?" 나는 그것이 영성에 대한 훌륭한 질문이라고 믿는다. 당신이 더 깊게 발전된다는 것은 당신의 참 인격이 갈수록 더욱 표출(表出)되며, 또한 가면을 쓰고 살거나 어떤 이미지를 장려

할 필요를 갈수록 적게 느껴야 한다는 것을 의미한다. 하나님의 은혜를 통하여 당신이 잉태되는 순간부터 의도된 독특하고도 달리 찾을 수 없는 자유를 누릴 것이다. 그것이야말로 바로 모험이다!

당신이 영적 성장에서 이기적이며 자기 중심이 되거나, 아니면 당신의 독특성을 싫어하게 되는 것을 내가 주장하고 있지 않다는 것을 당신도 알 것이다. 영성이란 무모하게 개인적인 길을 밟는 것을 의미하지는 않는다. 당신의 독특성은 예수님과 풀 수 없도록 묶여 있다는 것을 기억하라. 당신의 개성은 당신이 그리스도를 닮아감에 따라서 변함없이 드러난다. 그리고 그리스도 안에서, 당신은 당신 자신이 될 자유가 있다! 하나님을 당신의 발전을 위한 계속적인 기준점으로 삼는다면, 당신의 개인화가 당신을 극단으로 이끌리라는 것을 두려워할 필요가 없다.

이것은 당신으로 하여금 자유롭게 여생(餘生)을 사용하여 그리스도 안에서 당신이 진정 누구인지, 그리고 하나님이 당신을 어떤 목적으로 만드셨는 지를 찾을 수 있다. 당신은 다른 어떤 사람의 복제품(複製品)이 되어서는 안된다. 그러므로, 당신이 "내가"라고 기도할 때, 영적인 발전이 당신의 개성이라는 정황(情況) 안에서 일어나는 것을 기억할 수 있다.

내가 어린애였을 때, 꽃장수들은 어떻게 그렇게 여러 가지 다른 색깔의 카네이션을 갖게 되었는지 궁금해 했었다. 그러던 어느날, 어떤 꽃장수 친구가 나에게 작업실로 데리고 들어가서 보여주었다. 그가 흰색 카네이션을 원하는 염색 색깔에 집어넣었다. 점차로, 그 꽃은 줄기를 통해 색소를 흡수하더니, 원하는 색깔이 되었다.

"하나님은 당신의 인생을 위한 놀라운 계획을 가지고 있습니다"
는 말을 들을 때, 당신은 그 말이 모든 훌륭한 기독인에게 똑같이
적용되는 일률적(一律的)인 계획을 뜻한다고 오해할 수 있다. 실
제로, 열쇠가 되는 표현은 "당신의 인생"이다. 하나님은 당신을 위
하여 한 가지 색깔의 삶을 가지고 있다. 비결은 당신 자신이 그
색깔에 흠뻑 젖게 하며, 하나님의 은혜가 당신의 실존 속에 점증
적(漸增的)으로 들어와서 당신의 인격으로 하여금 생기를 갖게
하는데 있다—만일 당신이 일반화된 이미지를 붙잡는다면 그런
일이 결코 일어나지 않을 것이다. 테레사 수녀는 그것을 다음과
같이 간결하게 언급하였다, "우리의 거룩은 하나님과 우리 자신에
게 달려 있다."68)

이것은 영성의 과정에서 우리가 적극적인 협조자라는 것을 의
미한다. 그리고 그런 이유 때문에 "...하기를"이라는 표현이 기도
문에 들어 있다. 나는 영적 발전이 행위의 문제라고 말하는 것이
아니다. 왜냐하면 우리의 회심이나 우리의 성장에서 구원은 은혜
—아무도 자랑하지 못하도록 행위가 아닌 은혜—를 인하여 믿음
에 의한 것이기 때문이다. 우리는 성령으로 시작해서 인간의 노력
으로 마치려 하는 갈라디아 교인들의 오류를 반복하면 안 된다(갈
라디아서 3:3). 그러므로, 행위에 의한 의인(義認)이라는 모든
생각을 당신의 머리로부터 지워버리라.

그러나 하나님이 당신의 영적 발전을 위하여 당신을 거룩한 동

---

68 Benson, *Disciplines for the Inner Life*, p. 126. 테레사 수녀
의 *A Gift for God*에서 발췌.

반자로 부르셨다는 사실은 지워버리지 말라. 당신은 하나님이 당신을 위하여 소지(所持)하신 것을 수동적으로 받아들이기만 하는 사람은 아니다. 첫 제자들을 부르신 초청은 *따르라*는 말과, 모종(某種)의 인간적 응답과 행동에 대한 버금가는 요구를 포함한다. 열 두 제자는 스스로 제자가 되지는 못했으나, 그리스도와 협력하여 그분으로 하여금 그들을 제자로 만드시게 하였다. 우리도 그래야 한다.

그러므로 "하기를"(to be doing)이라는 표현은 적극적인 형성을 말한다. 그것은 하나님의 은혜에 대한 인간의 반응을 말한다. 그 말은 그리스도가 말씀하신 대로, 우리는 구하고, 찾고, 두드려야 한다는 것을 의미한다. 현실적으로 말한다면, 그것은 아침에 괘종 시계가 울릴 때, 잠자리를 박차고 일어나서 기도와 경건의 장소를 찾아야 되는 것을 말한다. 그것은 하루 종일 성령님께 조율(調律)된 길을 의식적으로 추구하며 또 그리스도에게 헌신된 사람답게 사는 것을 말한다. 그리고 그것은 우리가 하루를 마치면서 앞으로는 보다 효과적인 제자가 되려고 성찰(省察)하며 적절하게 결심하는 것을 말한다.

이처럼 은혜와 반응의 순환을 통하여 우리는 영성의 리듬을 확립한다. 그것은 하나님께 이렇게 말한 소년 사무엘의 정신과 같다, "말씀하옵소서 주의 종이 듣겠나이다"(사무엘상 3:10). 결국, 우리의 영성을 위한 일정(日程)은 항상 하나님께 달려 있으나, 그 일정은 하나님이 우리의 삶에서 그분의 뜻을 펼칠 수 있도록 우리가 기꺼이 맡길 때 확립된다.

이 저서에서 우리는 영적으로 살 수 있는(to be doing) 여러 방법을 여러 번 논의했다. 이 표현(to be doing)은 많은 것들을 포함한다. 은혜의 수단의 이용을 통해서든, 공동체를 통해서든, 세상에서의 봉사를 통해서든, 우리는 하나님의 은혜에 응답하고 있는 것이다. 그리고 우리의 믿음이 모험적으로 지속되려면, 그와 같은 차원이 존재해야 한다.

이것이 함축(含蓄)하고 있는 것 중에는 우리는 다른 시기에 다른 것을 강조할 수 있다는 사실이다. 예를 들면, 내가 이 저서를 집필하고 있는 동안, 나는 성경을 보다 조직적으로 접근하면서 한 성경을 천천히 그리고 한 절 한 절을 연구하고 있었다. 그리고 이 시점에서 내 기도의 생활은 『공동 기도서』(The Book of Common Prayer)를 사용하는 등, 보다 더 조직적인 형태를 취하고 있었다. 뿐만 아니라, 주님은 나의 삶에서 세상의 필요에 대하여 보다 더 민감하게 만드셨다. 이러한 것들이야말로 하나님이 나로 하여금 그분의 은혜에 응답하게 하기 위하여 내가 "하기를"(to be doing) 원하시는 것이라고 나는 믿는다. 그리고 미래가 과거와 같다면, 다른 것들이 우선순위로 표출(表出)할 때, 역시 변화가 있을 것이다.

† 다음 구절은 "나의 생애 가운데 이 시점에서"이다. 이 단어들을 통하여, 나는 영성의 발전적 특성을 획득하려고 한다. 영적 삶은 보다 정확하게 묘사하자면 한 세트의 명령이라기 보다는 하나의 샘물이다. 그것은 우리가 성취하는 어떤 것이라기 보다는 우리가 흘러 들어가는 어떤 것이다. 그리고 그것은 우리가 변함에 따라 변한다. 그것은 우리가 처해 있는 상황에 맞게 일생 동안 우리에게 말한다.

나는 신앙 생활의 초기를 회고해 볼 때, 영역을 알 필요가 있었다는 것을 보게 된다. 그 당시 나는 시간을 들여서 어느 책이 구약에 있고 또 어느 책이 신약에 있는 지를 찾았다. 나는 구원의 계획과 관련된 모든 구절을 찾아볼 수 밖에 없었다. 기독교 경험의 기본적인 내용과 실현(實現)에 익숙해지려고 대학생선교회(Campus Crusade)의 "기독인 성숙을 위한 10가지 기본 단계"(Ten Basic Steps Toward Christian Maturity)를 거쳤다. 나는 창세기부터 요한계시록까지 성경을 통독했다. 장차의 영성은 기초를 놓던 저 신앙의 초기에 이루어졌다.

그러나 거의 25년이 지난 후, 내 영성의 일정은 크게 달라졌다. 40세의 인생이 15세의 인생과 같을 수 없다. 질문과 문제, 그리고 압력이 변화되었다. 결혼 생활은 독신 생활과 다르다. 아버지가 된다는 것은 자녀가 없는 남편과 다르다. 그리고 청소년 양육은 어린이 양육에는 없었던 것들을 새롭게 요구한다. 나의 영적인 삶이 현실적으로 그리고 의미있게 발전하려면 이러한 변화들이 고려되지 않으면 안 된다.

때때로 나는 사람들이 현재 처해 있는 상황을 표현하지 않는 일정을 사용하려는 것을 본다. 그들은 다수 선택의 세상에서 공란을 채우는 식의 접근법으로 만족하려고 한다. 영성의 도전은 우리가 처해 있는 삶의 현장을 그 시간에 적합한 하나님의 은혜로 조화시키는 것이다. 이 말은 과거에 행한 것들을 반복하는 것일 수도 있고, 아니면 새로운 방법을 채택하고 새로운 자원을 사용하는 것일 수도 있다.

모세가 시내산에서 하나님을 만나서 그분의 이름을 물었을 때,

하나님은 그분의 이름이 "스스로 있는 자"라고 대답하셨다. 하나님이 모세에게 말씀하신 것 중에는 최소한 그분이 현재 시재의 하나님, 곧 "지금"의 하나님이라는 것이었다. 그것이야말로 만족할 수 있는 유일한 유(類)의 하나님이다; 왜냐하면 그곳이야말로 우리 모두가 살고 있는 곳이기 때문이다. 우리는 기억을 통해 과거에 살고, 소망을 통해 미래를 사나, 우리는 현재에 산다. "스스로 있는 자"로 소개하심으로써, 하나님은 현재에 존재하시면서 우리 삶의 경험에서 우리를 만나주신다는 사실을 확신시켜 주셨다.

얼마 전, 나 개인의 경건 생활이 침체기에 들어갔을 때, 나는 기도하였다, "주님, 당신의 은혜에서 성장하기 위하여 나의 생애 가운데 이 시점에서 내가 무엇을 하기를 당신은 원하십니까?" 응답이 어느 정도 시간이 흐른 후 이런 형태로 왔다, "스티브, 너의 아들 존이 곧 십 대 소년이 될 것이다. 너는 청소년들에 대하여 별로 많이 알지 못한다. 너는 네 청소년기 대부분을 잊었을 뿐 아니라, 존이 직면할 세상은 네가 십 대였던 세상과는 너무 다르다. 너는 오늘의 세계에서 십 대 소년의 아버지가 되는 것이 무슨 뜻인지 알아야 한다." 그것은 종소리처럼 분명한 일정이었다.

내가 이것을 언급하는 것은 그 말이 경건의 시간을 위한 전형적인 충고같이 들리지 않기 때문이다. 그러나 그 후 몇 달 동안, 나는 청소년에 대한 책들을 읽으면서 연관된 통찰력을 얻으려고 성경을 연구하였다. 뿐만 아니라, 나는 존을 위하여 그리고 그와의 관계를 위하여 새롭게 기도하였다. "나의 생애 가운데 이 시점에서"라는 표현은 나의 영적 발전에서 매우 필요한 단계로 인도하셨던 것이다.

나는 위의 질문을 내 자신, 나의 결혼, 나의 직업, 나의 친구들과 이웃, 그리고 나의 교회 참여 등에 관련시켜서 기도한다. 그리고 이 모든 영역에서, 하나님은 때로는 놀랍지만 항상 올바르고 깊은 의미를 주는 응답을 제공하신다. "나의 생애 가운데 이 시점에서"라는 표현은 내 신앙에서 모험을 계속하게 한다. 왜냐하면 나의 영성으로 하여금 삶의 경험과 같이 가게 하는 것이 하나님의 뜻이라는 것을 나는 알기 때문이다.

영성을 이렇게 접근하면 우리는 과거의 어떤 시점으로 되돌아가려는 욕구를 갖지 않게 된다. 물론 나도 과거의 어떤 사건이나 시대로 되돌아가서 좋았던 것을 다시 즐기고 싶을 때가 없잖아 있다. 특히 나의 자녀들과 연관해서 그럴 때가 있다. 그러나 가장 좋은 순간에 내가 하나님을 찬양하는 것은 그분이 나를 똑같이 의미 있는 사건과 경험으로 인도하신다는 사실이다. "스스로 있는" 하나님은 소중한 기억, 강력한 약속, 그리고 현재의 축복을 허락하신다.

나는 특히 내가 아는 여러 노인들에 대하여 감사하는데, 그들은 영적으로는 결코 늙지 않았으며, 삶은 죽음의 순간까지 충만하고 활기찼다. 그들은 내게 이런 것을 보여 주었다: 만일 나의 삶의 여러 단계에서 성령의 바람에 따라 항해할 수 있다면, 내 노년의 시기도 사랑, 기쁨, 발견 및 유용의 시기로 삼겠다. "나의 생애 가운데 이 시점에서"라는 표현은 모든 상상할 수 있는 시간을 포함된다.

† 마지막 구절, "당신의 은혜 가운데서 성장하기 위하여"는 다른 모든 표현들을 규정(規定)한다. 영적 삶의 개발은 한 가지 목

적--그리스도를 통하여 하나님의 은혜 가운데서 성장하기 위한 목적--만을 위해서이다. 다른 모든 것은 이 궁극적인 목적을 위한 수단이 되어야 한다. 하나님의 은혜는 평생에 걸쳐서 성장하게 할 만큼 충분히 크고 충분히 강하다. 이것은 물론 마일 승리자가 된 다거나, 모든 경험이 눈에 띨만한 성장을 일구어 낸다는 뜻이 아니다. 그러나 우리가 한 발 물러나서 과거를 멀리 회고해 볼 때, 발전을 볼 수 있다는 뜻이다.

나는 영성의 실질적 테스트로써 "성장"이라는 단어 사용을 사과하지 않는다. 만일 내가 지금 하고 있는 것이 성장을 일구어내지 못한다면, 나는 다른 것을 찾기 시작할 것이다. 설사 어떤 프로그램이 일 백 명의 영적 전문가에 의해 추천된다손 치더라도 상관이 없다. 만일 그것이 나를 위하여 역사하지 않으면, 나는 계속 찾을 것이다. 예수님도 그 지혜와 키가 자라가며 하나님과 사람으로부터 사랑을 받으셨으며, 이것이야말로 하나님이 나와 당신을 위하여 계획하시는 것이다. 만일 당신이 지금 하고 있는 것이 전반적으로 성장을 일구어내지 않는다면, 그것을 버리고 다른 것을 찾으라. 하나님은 그것을 당신의 인생에서 나중에 사용하실 수도 있다. 이것은 내가 영적 성장의 일부로써 기록된 공적 기도문을 사용할 때도 마찬가지였다. 내가 처음 공동 기도서를 사용했을 때, 그것은 나에게 먼지처럼 건조해 보였다. 그러나, 약 팔구 년 전, 그것은 의미를 가지고 나의 삶 속으로 다가왔으며, 이제 나는 그것을 유익하게 사용하고 있다. 우리가 어떤 것을 내려놓는다고 해서 다시는 하나님이 그것을 우리에게 집어들라고 하지 않으신다는 뜻은 아니다.

나는 영적 삶에서 마친 것보다는 시작한 것이 훨씬 더 많다. 나는 이런 현상이 솔선이나 후속 처리의 결함 때문에 기인(起因)되었다고 간주하지 않으며, 오히려 성장을 위한 추구라고 간주한다. 나는 성장을 일구어내는 것이라면 어떤 것도 끈질기게 붙잡았으나, 하나님의 은혜에서 성장을 일구어낼 수 있는 능력을 잃은 것이라면 어떤 것이든 놓아버린다.

몇 년 전, 나는 스탠리 존스의 경건 서적을 반쯤 읽은 적이 있었다. 나는 그 서적을 가지고 약 6개월간 경건의 시간을 가졌으나, 마침내 그것을 놓고 다른 것을 사용하였다. 삼개월 전, 나는 다시 그 서적을 보기 시작하였는데, 그 이유는 아직 읽지 않은 부분이 코 앞에 닥친 내 삶의 필요를 언급하고 있었기 때문이었다. 내려놓건 다시 잡건 상관없이, 성장이 있다는 사실 때문에 기쁨이 있는데, 내가 추구하는 것도 바로 그것이다.

"주님, 당신의 은혜 가운데서 성장하기 위하여 나의 생애 가운데 이 시점에서 내가 무엇을 하기를 당신은 원하십니까?" 나에게 이 질문은 기독인의 삶에서 모험을 계속하게 하는 것이었다. 이것은 은혜와 반응, 자유와 책임, 형식과 비형식, 변화와 불변이 혼합된 질문이다. 이 질문이야말로 온전한 경험을 하나님이 새겨주신 내 지문만큼이나 독특하게 내 영혼에 새겨주시는 어떤 것으로 개인화시키는 질문이다. 그러나 이것은 유사한 순례의 길에 있는 다른 신자들과 보다 넓은 교제로 나를 이끄는 질문이다. 그것은 나를 교회로 인도하는 질문인데, 그 교회에서 나는 부름받은대로 그런 순례의 길을 가고 있다는 총체적(總體的)인 느낌을 얻는다. 그것은 영성에 꼭 필요한 성령의 확증과 확신을 내 삶에 가져다 준다.

오래 전, 나는 이것이야말로 바로 하나님이 우리 모두가 소유하기를 원하시는 그런 기독교이나, 모든 사람이 그런 기독교를 경험하는 것은 아니라는 나의 확신을 언급한 적이 있었다. 너무나도 많은 것들이 그런 기독교를 경험하지 못하게 하는 것이다. 예수님은 우리의 구주, 우리의 주님, 그리고 우리의 친구가 되기 위하여 오셨다. 그분과의 우정은 인생에 대하여 흥분된 모험의 느낌을 가져다 준다. 그분은 모든 것을 만드셨는데, 그분 없이는 될 수 없는 그런 사람으로 우리를 만들려고 오신 분이다.

우리가 지금 당장 만날 수 있다면, 이 책의 어느 부분이 당신으로 하여금 이런 식으로 기독교를 보고 경험하게 하는데 얼마나 도움이 되었는지 알고 싶을 것이다. 영성의 샘물에서 계속 흐르고 있는 나를 위하여 당신이 기도해 주기를 바란다. 그리고 나도 당신을 위하여 똑같은 것을 기도할 수 있는 기회를 얻기 원한다. 괜찮다면, 아래의 글을 당신을 위한 나의 기도로 받아 주기를 바란다:

> 은혜의 하나님, 이제 잠시 동안 독자들과
> 내가 함께 서로 생각을 나누었습니다.
> 내가 기도하오니, 그들에게 힘을 주시사
> 예수님과 더불어 교제를 찾게 하옵소서
> 인생에서 최고의 경험이 되게 하옵소서.
> 내가 기도하오니, 다가오는 하루하루가
> 그런 믿음에서 현저한 성장의 시간이 되게 하옵소서.

그리고 내가 기도하오니, 그들이 모험의
정신을 일생 동안 간직하게 하옵소서.
우리는 이렇게 창조된 것을 믿습니다,
당신을 알고 또 당신을 영원히 향유하라고.
우리에게 이런 믿음을 주옵소서,
이것이 우리 자신을 위하여 그리고
타인을 위하여 가능하게 하옵소서
우리가 당신을 위해 살고 증거하는 동안.
예수님의 이름으로 기도드립니다. 아멘.

당신은 중요하다

공중의 새를 보라 심지도 않고 거두지도 않고 창고에 모아 들이지도 아니하되 너희 천부께서 기르시나니 너희는 이것들보다 귀하지 아니하냐.

마태복음 6 : 26

침묵을 훈련하라

당신이 하나님으로부터 사랑받고 있다는 것을 아는 것이 얼마나 좋은 느낌인지를 기억하라.

명상을 훈련하라

다음 주간 중 이 장에 기록된 기도를 명상의 근거로 사용하라. 각 구절에 주목하고 그 과정에서 오는 깨달음을 기록하라.

결단을 훈련하라

깨달은 것들을 검토하라. 그것들을 우선순위대로 배열하고 앞으로 하나님이 인도하시는 항목들을 다루기 시작하라.

기도를 훈련하라

반 나절을 조용히 지낼 수 있도록 계획하라. 기도하는 마음으로 전체 본서를 음미(吟味)하라. 당신이 새로 발견한 "값진 진주"를 드러내고 강조해 달라고 하나님께 간구하라.

읽기를 훈련하라

시편 8편과 누가복음 15장을 읽어라.

추천 도서

　　다음의 도서는 당신의 영성 이해의 증진을 돕고, 한 발 더 나아가서 당신의 믿음을 돕기 위하여 제안하는 바이다. 도서 분류는 영성과 연관시킨 기본적인 제목에 따랐다. 대부분의 도서는 이 목록을 작성할 때는 출판되어 있었다. 절판된 도서는 당신의 지역에 있는 대부분의 대학교와 신학교의 도서관에서 구할 수 있을 것이다. 이 추천 도서 이외에 이 저서에서 다룬 여러 제목에 대하여 더 연구하려면 각주를 사용하면 될 것이다.

일반 도서

1. Leslie Weatherhead, *The Transforming Friendship*
2. Steve Harper, *Devotional Life in the Wesleyan Trandition*
3. Maxie Dunnam, *Alive in Christ*
4. E. Stanley Jones, *The Way*
5. Henri Nouwen, *Making All Things New*
6. Evelyn Underhill, *The Spiritual Life*
7. Alan Jones & Rachel Hosmer, *Living in the Spirit*

8. Iris Cully, *Education for Spiritual Growth*
9. Benedict Groeschel, *Spiritual Passages*

성 경

1. Robert Mulholland, *Shaped by the Word*
2. David Thompson, *Bible Study That Works*
3. Susan Muto, *A Practical Guide to Spiritual Reading*
4. Thomas Merton, *Opening the Bible*
5. H.A. Nielsen, *The Bible As if for the First Time*
6. Robert Traina, *Methodical Bible Study*

기 도

1. Harry E. Fosdick, *The Meaning of Prayer*
2. Dick Eastman, *The Hour That Changes the World*
3. Kenneth Leech, *True Prayer*
4. Anthony Bloom, *Beginning to Pray*
5. Maxie Dunnam, *The Workbook of Living Prayer*
6. O. Hallesby, *Prayer*

성 만 찬

1. William Willimon, *Sunday Dinner*

   2. William Barclay, *The Lord's Supper*
   3. Martin Marty, *The Lord's Supper*

금 식

   1. Richard Foster, *Celebration of Discipline*
   2. Tilden Edwards, *Living Simply Through the Day*

지도/책임

   1. David Watson, *Accountable Discipleship*
   2. Tilden Edwards, *Spiritual Friend*
   3. Kenneth Leech, *Soul Friend*
   4. Robert Coleman, *The Master Plan of Evangelism*

인성 및 영적 개발

   1. David Keirsey, *Please Understand Me*
   2. Harold Grant, *From Image to Likeness*
   3. Christopher Bryant, *The River Within*
   4. Chester Michael, *Prayer and Temperament*

성 령

   1. Billy Graham, *The Holy Spirit*
   2. Kenneth Kinghorn, *The Gifts of the Spirit*
   3. Myron Augsburger, *Quench Not the Spirit*

징계와 훈련

1. Richard Foster, *Celebration of Discipline*
2. Gordon MacDonald, *Ordering Your Private World*
3. Albert E. Day, *Discipline and Discovery*
4. James Earl Massey, *Spiritual Disciplines*
5. Maxie Dunnam, *The Workbook of Spiritual Disciplines*

기독교 영성의 역사

1. Urban Holmes, *A History of Christian Spirituality*
2. Alan Jones & Rachel Hosmer, *Living in the Spirit*

경건을 위한 고전

1. Tilden Edwards, *The Living Testament: The Essential Writings Since the New Testament*
2. Thomas Kepler, *An Anthology of Devotional Literature*
3. *The Upper Room Devotional Classics*
4. Paulist Press Series, *The Classics of Western Spirituality*

사회적 영성

1. John Carmody, *Holistic Spirituality*
2. John Carmody, *Maturing a Christian Conscience*
3. William Stringfellow, *The Politics of Spirituality*
4. Dietrich Bonhoeffer, *Life Together*
5. Thomas Kelly, *A Testament of Devotion*
6. Henri Nouwen, *Gracias!*
7. Henri Nouwen, *Compassion*

사역과 영성

1. Edward Bratcher, *The Walk-on-Water Syndrome*
2. Henri Nouwen, *The Living Reminder*
3. Louis McBirney, *Every Pastor Needs a Pastor*
4. Henri Nouwen, *Creative Ministry*
5. Oswald Sanders, *Spiritual Leadership*

경건 시간을 위한 안내서 및 기도서

1. Rueben Job, *The Upper Room Guide to Prayer for Ministers and Other Servants*
2. Bob Benson, *Disciplines for the Inner Life*
3. John Baille, *A Diary of Private Prayer*

4. Charles Swindoll, *Growing Strong in the Seasons of Life*
5. John Doberstein, *The Minister's Prayer Book*
6. *The Book of Common Prayer*

도서출판 세복의 발간도서

나는 어떻게 예수님을 만났는가?

홍성철 편집 / 신국판 / 328쪽 / 7,000원

각계 각층에서 그리스도의 향기를 진하게 풍기고 있는 21명의 신앙 고백을 담은 책으로서 예수님을 만나 어떻게 갈등과 어려움을 극복하고 진정한 신앙에 이르렀는지 고백한다. 또한 각자의 분야에서 어떻게 살아가고 있는지를 말해 준다. 우리는 이 책을 통하여 인생의 의미를 다시 한 번 깊이 조명해 보는 계기가 될 것이다.

성령의 충만을 받으라

존 T. 시먼즈 지음 / 홍성철 옮김 / 신국판 / 152쪽 / 4,000원

성령의 충만과 능력을 갈구하는 모든 기독인에게 그 방법을 단계적으로 제시한 명저이다. 성경에 근거하면서도 신학적으로 그리고 경험적으로 잘 정립하여 읽기 쉽고 알기 쉽게 기록된 이 저술은 성령충만을 체험하며 또 그 체험을 다른 기독인에게 제시하기를 원하는 모든 기독인의 필독서이다.

성령안에서 설교하라

데니스 F. 킨로 지음 / 홍성철 옮김 / 신국판 / 176쪽 / 4,500원

브랜다이스대학교에서 구약학을 전공하고(Ph.D.) 애스베리신학교에서 교수와 총장을 역임한 데니스 킨로 박사는 방법과 기교를 강조하는 현대 설교에서 성령의 임재를 다시 회복 할 수 있는 설교의 원리와 방법을 분명하게 제시한다.

회심

홍성철 편집 / 신국판(양장) / 396쪽 / 9,000원

기독교에서 가장 핵심적인 교리인 "회심"의 문제점을 세 측면 곧 1)신학적 2)경험적 3)적용적으로 다루었다. 특히 이 분야의 권위자들이 다룬 총 15편의 글은 "회심"에 관심 있는 기독인에게 새롭고도 깊은 안목을 제시할 것이다.

타문화권 복음 전달의 원리와 적용

존 T. 시먼즈 지음 / 홍성철 옮김 / 신국판 / 352쪽 / 7,000원

인도와 애스베리신학교에서 오랫동안 선교 사역과 교수를 역임한 존 T. 시먼즈 박사의 명저이다. 이 책은 복음과 타종교와의 관계를 다루면서도 복음 전달의 원리와 방법을 깊게 다뤄, 복음 전달의 이론적 길잡이가 될 것이다.

잃어버린 퍼스날리티를 찾아서

최병견 지음 / 신국판 / 206쪽 / 5,000원

우리의 구원은 완성되었지만 인격은 아직 미완성이다. 구원은 받았지만 인격의 상처는 당신과 가정을 무너뜨리고, 교회에 문제를 , 또 사회를 황폐하게 한다. 이 저서는 이러한 문제를 진단하고 또 성경적으로 해결의 실마리를 제시하는 저서이다.

도서출판 세복의 발간도서

세계복음화문제연구소는 빌리 그래험 센터에서 출판한 기독교 고전 시리즈(전 16권)을 번역하여 「기독교 고전 시리즈 I」(1~8)와 「기독교 고전 시리즈 II」(9~16)으로 나누어 출판하게 되었는데, 이 고전이 주는 영적 가르침은 시간을 초월해서 모든 독자에게 참된 경건과 거룩을 알려줄 것이다. 이 고전은 경건한 성자들의 글을 축소한 소책자로 그들의 삶과 사역은 우리로 하여금 예수 그리스도와 더 깊이 동행하게 도와주며, 그 결과 복음을 꼭 필요로 하는 이 세상에 전하도록 도전할 것이다.

기독교 고전 시리즈 I (1~8권, 권당 1,500원)

1. 왜 하나님은 무디를 사용하셨는가
알. 에이. 토레이 지음 / 홍성철 옮김

독자는 세계에서 가장 저명한 전도사 중 한 사람인 드와이트 무디의 생애를 통하여 감동을 받아 마음이 뜨거워질 것이다.

2. 보다 깊은 삶
로버트 머레이 맥체인 지음 / 구교환 옮김

독자는 로버트 머레이 맥체인의 그리스도를 높이는 생활, 편지 및 사역에 대하여 읽으면서 강권하시는 그리스도의 사랑에 감동받을 것이며 하나님을 더욱 사랑하게 될 것이다.

3. 하나님의 임재를 연습하라
로렌스 형제 지음 / 이소연 옮김

독자는 로렌스 형제가 하나님 앞에서 소박하게 믿음으로 겸손하게, 그리고 사랑으로 행한 것처럼 행하는 비결을 배우며 하나님의 임재의 기쁨을 경험하게 될 것이다.

4. 성결
제이. 씨. 라일 지음 / 서대인 옮김

100여년 전에 저술된 이 저서를 통하여 라일 감독은 우리를 둘러싸고 있는 세상에서 성별된 삶을 영위하라는 타당한 요구를 오늘도 우리에게 하며 독자는 성결한 삶을 추구하게 될것이다.

5. 예수님을 위하여 선하게 증거하자
존 왓슨 지음 / 이대규 옮김

담겨져 있는 감동적인 스코틀랜드의 이야기들은 독자의 사역을 그리스도와 그분의 구속적 은총에 초점을 맞추게 하며 독자로 하여금 복음의 핵심을 선포하게 할 것이다.

6. 공격적인 기독교

캐더린 부스 지음 / 염동팔 옮김

독자는 구세군의 공동 창시자인 캐더린 부스의 그리스도에 대한 헌신과 그리스도의 복음을 다른 사람들에게 전하고자 하는 열정을 읽으며 감동을 받을 것이다.

7. 구령자를 위한 권면

호레시우스 보너 지음 / 최석원 옮김

호레시우스 보너는 독자에게 답답한 무기력을 떠나서 하나님의 능력을 드러내는 활력있는 삶으로 돌아오고 사역을 부흥시키라고 호소한다.

8. 불타는 사랑

블레즈 빠스칼 지음 / 곽춘희 옮김

독자는 세계적으로 갈채를 받은 과학자, 발명가, 심리학자, 철학자, 기독교 변증가인 블레즈 빠스칼의 글을 통하여 영감을 얻으며 더욱 더 헌신하게 될 것이다.

기독교 고전 시리즈 II (9~16권, SET 12,000원)

9. 행동하는 믿음

조지 뮬러 지음 / 송철웅 옮김

믿음과 응답된 기도로 특징지어진 조지 뮬러의 삶은 독자를 도전하며 격려할 것이다.

10. 하늘가는 마부

존 번연 지음 / 문경일 옮김

독자는 천국을 향하여 가는 순례자로서 존 번역의 글을 통하여 독자의 순례의 길을 바로 정할 수 있을 것이며, 영원토록 변치 않는 구원의 복음을 깊이 생각하게 될 것이다.

11. 성도다운 학자의 결단

조나단 에드워즈 지음 / 홍순우 옮김

독자는 미국의 지성과 신앙을 형성한 위대한 신앙인 조나단 에드워즈를 음미하면서 영적으로 감동을 받으며 더 깊은 경건 생활을 하게 될 것이다.

12. 설교자와 기도

이. 엠. 바운즈 지음 / 이혜숙 옮김

독자는 이. 엠. 바운즈의 높은 기도관을 읽으면서 그리고 기도로 하나님으로부터 능력을 얻어야 한다는 간청을 들으면서 기도 생활의 변화를 경험하게 될 것이다.

13. 성도의 영원한 안식

리차드 백스터 지음 / 이기승 옮김

하늘에 시민권을 둔 독자는 지상에서는 나그네이지만 리차드 백스터의 작은 책을 통해 현재의 삶 속에서 천국의 삶을 영위하지 못한 것을 책망 받으며 새로운 변화를 향한 도전을 받을 것이다.

14. 부흥의 법칙

제임스 번스 지음 / 문정선 옮김

부흥의 필요성과 긴박성이 무르익은 오늘에 제임스 번스는 하나님의 부흥의 법칙들을 예리하게 제시하며 독자도 지금 부흥을 체험하기를 갈망하도록 도전한다.

15. 성경적 구원의 길

존 웨슬리 지음 / 박홍운 옮김

영국과 미국의 많은 영혼을 주님께로 돌아오게 한 존 웨슬리의 설교들을 통해 독자는 회개, 믿음 및 성결을 명확히 깨닫고 믿는 자에게 구원을 주시는 복음의 능력을 전할 수 있을 것이다.

16. 친구여 들어보지 않겠소?

찰스 스펄전 지음 / 홍성철 옮김

독자가 기독교에 저항적이며 믿기를 주저하는 사람들에게 복음을 전할 때 모든 다른 위로를 포기하고 그리스도만을 의지하여 복음을 전하라고 찰스 스펄전은 도전한다.

성령과 동행하라

지은이 • 스티븐 하퍼
옮긴이 • 홍성철
발행인 • 홍성철
초판 1쇄 펴낸 날 • 1997년 7월 28일
발행처 • 도서출판 세복
주소 • 서울특별시 종로구 낙원동 284-6 낙원빌딩 340호
T. (02) 659-5822, 747-3991
F. (02) 659-9669
등록번호 • 제1-1800호 (1994. 10. 29)
총판처 • 예영커뮤니케이션
T. 325-7971, F. 325-7970

ISBN 89-86424-23-1   03230

값 5,500원

ⓒ 도서출판 세 복 1997